CĂILE
VIZIUNII PURE

Istoria, viziunile și practicile tradițiilor
spirituale vii ale Tibetului

DE KHENTRUL JAMPHAL LODRO RINPOCHE
TRADUSĂ DE MICHAEL R. SHEEHY

Dzokden

Autor: Shar Khentrul Jamphel Lodrö
Traducător român: Daniela Fotache
Editor român: Gabriela Ştefănescu

Prima ediție

ISBN (Paperback): 978-1-971600-02-4
ISBN (ePub): 978-1-971600-03-1

Publicat de:
DZOKDEN

Această lucrare a fost realizată de Dzokden, o instituție non-profit administrată în întregime de voluntari. Această organizație este dedicată propagării unei perspective non-sectare asupra tuturor tradițiilor spirituale ale lumii și predării budismului într-un mod complet autentic și, în același timp, practic și accesibil culturii occidentale. Este dedicată în special răspândirii tradiției Jonang, o bijuterie rară dintr-o zonă îndepărtată a Tibetului, care păstrează prețioasele învățături ale Kalachakra.

Pentru mai multe informații despre activitățile programate sau materialele disponibile, sau dacă doriți să faceți o donație, vă rugăm să ne contactați.

Dzokden
3436 Divisadero Street
San Francisco, CA 94123
USA
www.dzokden.org
office@dzokden.org

Pentru fiecare suferință există un leac,
Dacă o cale nu este potrivită pentru cineva,
ea se va potrivi, cu siguranță, altcuiva.
Aceasta este esența Filozofiei Rime.

— Khentrul Rinpoche —

CUPRINS

THE DALAI LAMA

༄༅། །འཛམ་གླིང་མཁན་པོ་འཇམ་དཔལ་རྡོ་རྗེ་ལགས་ནས་བོད་གངས་ཅན་ལྗོངས་
སུ་དར་བའི་ཆོས་ཉིད་དགེ་བཀའ་རྙིང་བོན་དང་བཅས་པའི་ཆོས་བརྒྱུད་ཀྱི་ལྷ་གྲུབ་
པོ་རྒྱས་རོབ་བསྒྲུབས་ཤིག་བྱས་འདུག་པ། རྟོགས་ར་ཆོས་བརྒྱུད་ཁག་གི་གནས་ཆུལ་
དོན་གཉེར་ཅན་ལ་ཕན་ཐོགས་ཡོང་ངེས་སུ་མཐོང་། རང་རེ་གངས་ལྗོངས་ཀྱི་སྐྱེས་
མཆོག་བླ་མ་གོང་མ་རྣམས་ཀྱི་ལྷ་གྲུབ་བཞེན་སྐྱོལ་ཁག་དགུལ་བུའི་ཁམས་དང་ཆོས་
པ་དང་དམ་པ་རང་རང་གི་ཉམས་སྐྱོང་བཅས་དང་བསྟེན་ནས་གསུང་སྐངས་མི་འདུ་
བ་དང་། དམ་པ་ཕན་ཆུན་ལུང་རིགས་ཀྱིས་དགག་གཞག་མཛད་པའི་དག་རྣམ་
དཔྱོད་རྡོ་རྒྱལ་གོང་དུ་སྤེལ་བའི་ཆེད་དུ་ཡིན་གཤིས། མཐར་ཐུག་གི་དགོངས་པ་
རྗེ་ཡིན་དཔོག་དགའ་བས། རང་རང་རྣམ་དཔྱོད་ཤེས་རབ་ཀྱིས་དཔྱད་དེ་བགོ་
སྐལ་ལེན་པར་རིགས། དུས་ཀུན་དགེ་བའི་སྐྱབས་སྐྱོན་བཅས། ཤཀྱའི་དགེ་སྦྱོང་
དུ་པའི་ལྷ་མས། རབ་བྱུང་བཅུ་བདུན་པའི་རྒྱ་ལུག་ཟླ་ ༦ ཆེས་ ༡༩ ཕྱི་ལོ་
༢༠༠༣ ཟླ་ ༧ ཆེས་ ༡༧ ལ།།

CUVÂNT ÎNAINTE
de Sanctitatea Sa Dalai Lama

În *Căile viziunii pure*, Khentrul Jamphal Lodro Rinpoche de la Mănăstirea Dzamthang a scris concis despre diferitele relatări, doctrine și practici ale tradițiilor spirituale Jonang, Sakya, Gelug, Kagyu, Nyingma și Bon, care au înflorit în ținutul înzăpezit al Tibetului. Munca sa asiduă a condus la prezentarea acestor tradiții spirituale într-un mod care ne conferă o înțelegere și o perspectivă nouă asupra a ceea ce este cel mai valoros în aceste tradiții.

Învățătorii și maeștrii spirituali sublimi din trecut din Țara Zăpezilor au predat diverse doctrine, practici și obiceiuri în moduri diferite, în funcție de experiențele personale, dispozițiile, înclinațiile și diferitele capacități intelectuale ale elevilor lor. Deoarece acești autori și-au dezvoltat în mod deliberat discernământul și ascuțimea minții prin susținerea combaterilor lor bazate pe scripturile budiste și pe raționamentul logic, ei au putut să fie de un suprem folos ființelor.

Deoarece intenția finală a învățăturilor lui Buddha este greu de înțeles, vă îndemn să vă folosiți propria înțelepciune pentru a investiga aceste învățături, și apoi să determinați dacă ele pot fi acceptate și puse în practică.

Mă rog să fiu mereu conectat la ceea ce este un refugiu al virtuții.

Călugărul lui Buddha Shakyamuni, Dalai Lama
A șasea lună a anului Oii de apă din al șaptesprezecelea Rabjung
August 2003

PREFAȚA TRADUCĂTORULUI

Până de curând, lumea din afara Tibetului credea că tradiția Jonang a dispărut. La sfârșitul anilor 1980, zvonurile sugerau că această linie de descendență budistă a supraviețuit persecuției din secolul al XVII-lea în Tibetul Central, iar de la începutul și până la mijlocul anilor 1990, erudiții occidentali au început să ia contact cu această tradiție puțin cunoscută în patria sa Amdo, în Tibetul de Est. Astăzi, la mai bine de un deceniu, avem exponenți ai tradiției Jonang, precum Khentrul Jamphal Lodro Rinpoche, care trăiesc în Occident, dau învățături, transmisii, împuterniciri și scriu cărți precum aceasta.

Fiind prima carte în limba engleză care situează tradiția Jonang în contextul celorlalte patru tradiții budiste tibetane și al tradiției antice Bon, *Căile viziunii pure* este o prezentare concisă a istoriilor, doctrinelor și practicilor principalelor tradiții spirituale de azi ale Tibetului. Scrisă la peste un secol după ce măreții iluminați Jamgon Kongtrul Lodro Thaye (1813–1899) și Jamyang Khyentse Wangpo (1820–1892) au inițiat abordarea Rimé sau abordarea nesectară a filozofiei și practicii budiste tibetane în Tibetul de Est, scrierile lui Khentrul Rinpoche reflectă acest spirit imparțial precum și viziunea Jonang *zhentong* și linia de descendență Kalachakra, care au jucat un rol atât de important în această mișcare intelectuală. Fiind unul dintre puținii autori Jonang moderni și un maestru al abordării non-sectare, Khentrul Jamphal Lodro Rinpoche ne oferă o perspectivă atât asupra propriei sale tradiții Jonang, cât și asupra viziunii Rimé.

Din fericire, dr. Cynthia Williams a fost martoră atunci când Khentrul Rinpoche a scris cu creionul *Căile viziunii pure* pe foi volante, în timp ce stătea pe podea într-o casă din Dharamsala, India. Cu sprijinul americanei Ani Saldron, al eruditului tibetan Tenchong și al lui Jonang Tulku Kunga Zangpo, ediția tibetană a acestei cărți a fost publicată la New Delhi (Indraprastha Press, 2003). Dr. Williams mi-a cerut ulterior să traduc această carte din tibetană în limba engleză. Acum suntem bucuroși să prezentăm publicului cititor de limbă engleză cuvintele și înțelepciunea lui Khentrul Jamphal Lodro Rinpoche.

NOTE TEHNICE

Din cauza grăbirii publicării, ediția actuală a acestei cărți este publicată în stil tibetan, adică fără citate încorporate în text. Dacă va fi posibilă o ediție viitoare, îmi doresc ca referințele pentru fiecare dintre citate să fie menționate în notele de final și să fie disponibilă o bibliografie completă a surselor tibetane. Un index al numelor, locurilor și termenilor ar fi, de asemenea, un adaos util. În ediția actuală, numele tibetane ale textelor citate și listele numerice sunt furnizate în transliterarea Wylie ca adnotări în notele de final. Termenii budiști tehnici selectați, împreună cu definițiile și transliterările lor, sunt incluși în glosar. Numele textelor tibetane sunt traduse în engleză în corpul cărții. Termenii filozofici budiști indieni bine-cunoscuți, cum ar fi „Madhyamaka" și „nirvana", precum și nume indiene precum „Nagarjuna" sunt reprezentați fonetic în sanscrită, fără semne diacritice. Păstrând fidel textul tibetan, majoritatea numelor proprii, precum „Dolpopa", locuri precum „Samye" și termenii populari precum „Dzogchen" și „zhentong" sunt reprezentați fonetic în tibetană.

Mulțumiri

Pentru sprijinul acordat în timpul procesului de traducere a acestei cărți, aș dori să mulțumesc profesorului meu Khenpo Kunga Sherab Saljay Rinpoche, pentru că m-a ajutat să înțeleg pasajele din această carte referitoare la Cele Șase Yoga și pentru îndrumarea sa în studiile, practica și munca mea de traducere; lui Khentrul Jamphal Lodro Rinpoche, pentru colaborarea la această traducere și pentru răbdarea lui față de stilul meu de viață agitat de student la masterat; lui Tulku Kunga Zangpo, pentru discuțiile sale despre Jonang și *zhentong*; dr. Cynthia A. Williams, pentru sprijinul său financiar care a făcut posibilă publicarea acestei cărți și pentru entuziasmul ei nelimitat față de tradiția Jonang; profesorului Steven D. Goodman, pentru sfaturile sale continue și pentru sugestiile sale cu privire la unele dintre opțiunile de traducere; lui Erik Pema Kunsang, Richard Barron (Chokyi Nyima), Gene Smith și Cyrus Stearns pentru îndrumarea lor.

Fie ca Buddha celor trei timpuri să zâmbească acestei traduceri!

Sarva Mangalam!
Michael R. Sheehy
Mănăstirea Jonang Jamdha
Colegiul de Studii Budiste al Celor Cinci Științe
Golok, Amdo, Tibet / Provincia Qinghai, China
21 Octombrie 2005

ÎNTRODUCERE

Tradiţiile vii ale Tibetului

Am scris *Căile viziunii pure* pentru că am observat că oameni din întreaga lume sunt acum interesaţi de budismul tibetan. De exemplu, creştini şi oameni de diferite credinţe religioase, chinezi, japonezi, birmani şi alţi budişti asiatici, erudiţi fără nici o orientare religioasă şi, în special, mulţi oameni din Occident, cu toţii au devenit curioşi faţă de budismul tibetan. Astfel, am decis să scriu această carte pentru a explica diferitele tradiţii ale budismului tibetan şi pentru a aborda unele dintre aspectele complexe legate de aceste tradiţii.

În general, noi ne putem întreba dacă există diferenţe între baza, calea, fructificarea şi viziunea, meditaţia şi conduita budismului din Tibet şi tradiţiile budiste din alte ţări. Din punct de vedere general, nu există diferenţe semnificative în viziunea, meditaţia şi conduita diferitelor tradiţii budiste. De obicei, discrepanţele sunt percepute din cauza lipsei de experienţă cu practicile spirituale ale budismului. Deşi budismul are multe căi şi niveluri de realizare, tradiţiile budiste tibetane sunt unice prin faptul că ele cuprind în întregime ceea ce ne-a învăţat Buddha.

În ciuda unor diferenţe superficiale în ceea ce priveşte obiceiurile şi tradiţiile culturale, multiplele tradiţii ale budismului se împletesc unele cu altele într-un singur spirit. Motivul este că toate aceste învățături provin de la același învățător și toate tehnicile lor de predare sunt îndreptate către același scop, acela de a atinge starea de Buddha. Cu toate acestea, deși micile diferențe între tradițiile budiste pot părea contradictorii, practicile lor subsidiare, modul în care își rafinează punctele de vedere și modul în care își folosesc tehnicile de meditație și etica, toate acestea reflectă varietatea mijloacelor iscusite ale lui Buddha. Deoarece diferitele învățături ale lui Buddha sunt ca medicamentele pentru vindecarea diverselor tipuri de boli spirituale, nu există o singură învățătură sau medicament pentru o anumită boală.

Budismul este, de asemenea, distinct de alte religii și prin faptul că oferă o știință extinsă a minții. Această știință contemplativă are capacitatea de a detecta prin deducție experimentală anumite fenomene neevidente, pe care știința empirică modernă este în prezent incapabilă să le detecteze. Din acest motiv, practicile de meditație budistă pot fi folosite ca modele pentru știința modernă, în studierea celor mai subtile fațete interioare ale conștiinței. În plus, budismul contribuie cu un repertoriu divers de metode și mijloace pentru dezvoltarea calităților psihologice interioare, lucru pe care știința modernă nu este în măsură să îl facă.

Când cineva știe să practice fără greșeală budismul, situațiile obișnuite din această viață sunt îmbogățite cu bunăstare și fericire. Acest lucru se întâmplă în mod natural, fără efort, precum lemnul care arde pe foc. Un practicant budist descoperă că preocupările lumești trecătoare nu sunt cele mai importante și că ceea ce este cel mai important este mărețul extaz continuu, care îl umple pe sine însuși de-a lungul vieților succesive. Fiind o tradiție spirituală vie, budismul are capacitatea incredibilă de a aduce nu numai bunăstare temporară, ci și fericirea supremă pentru sine și pentru toate ființele vii. Pentru a face aceasta, este imperativ ca fiecare să-și aducă în propria sa experiență întreaga gamă de calități pozitive, cultivând o cale a mijloacelor oportune. Deoarece budismul tibetan încorporează mai multe mijloace pentru atingerea iluminării, mulți oameni au manifestat un interes deosebit pentru tradițiile budiste tibetane.

Budismul tibetan este vast și profund. El cuprinde o diversitate de instrucțiuni privind practica spirituală și această diversitate este cea care se prelează diferitelor tradiții ale budismului tibetan. Am decis să scriu despre istoria, doctrinele și practicile acestor tradiții nu pentru că nu ar exista lucrări anterioare, deoarece există multe cărți despre aceste subiecte, ci pentru că majoritatea acestor lucrări tind să fie inaccesibile cititorului obișnuit, sau au fost scrise de erudiți care sunt părtinitori față de propriile lor opinii.

În timp ce oamenii din întreaga lume își manifestă acum interesul pentru studierea și compararea diferențelor dintre budismul tibetan și tradițiile budiste din alte țări, deoarece nu există o înțelegere aprofundată a vreunei tradiții, apar multe neînțelegeri. Aceasta s-a întâmplat în trecut, se întâmplă acum și cu siguranță se va întâmpla și în viitor. Gândindu-ne că doctrinele și practicile diferitelor tradiții budiste se contrazic reciproc, s-ar putea concluziona că o doctrină este superioară, iar alta este inferioară. Mergând pe aceeași logică, persoanele care nu înțeleg esența religiei și care sunt nefamiliarizate cu opiniile și practicile budismului pot judeca greșit aceste tradiții. De aceea este important să înțelegem diferitele tradiții budiste, pentru a evita neînțelegerile viitoare.

În Tibet există acum cinci tradiții budiste majore. Aceste tradiții sunt împărțite și clasificate în funcție de sistemele lor filozofice și meditative. Printre aceste tradiții budiste tibetane care au supraviețuit, tradiția Jonang își prezintă propriile sale concepții filozofice și practici meditative distincte. Deoarece nu este inclusă în documentele oficiale ale Guvernului Tibetan în Exil, această tradiție este în mare parte necunoscută lumii din afara platoului tibetan. În consecință, mulți cititori interesați și practicanți budiști nu au avut acces la această tradiție vie. Luând în considerare faptul că această tradiție poate fi nouă pentru mulți cititori, am scris o relatare mai detaliată a istoriei, viziunilor și practicilor ei. Dacă, din orice motiv, nu reușiți să citiți această carte de la început până la sfârșit, vă sugerez să treceți direct la capitolul VII, deoarece acolo puteți găsi o poveste nouă surprinzătoare.

CAPITOLUL I

TRADIȚIA BON

RELIGIA INDIGENĂ A TIBETULUI

Înainte de sosirea budismului, religia Tibetului era „Bon", iar poporul tibetan era numit „Bonpo". În zilele noastre, există diverse dezacorduri între erudiții tibetani cu privire la autenticitatea gândirii Bon, practicile sale, originile și modul în care se raportează ea la budism. Unii chiar sugerează că Bon nu era o religie reală, ceea ce ar implica faptul că pe vremea regelui Dharmei Trisong Deutsen, prin manifestarea miraculoasă a lui Padmasambhava și a marelui erudit bodhisattva Shantarakshita, tradiția Bon a fost atât de subjugată, încât a dispărut. Deși este adevărat că în secolele al VII–lea și al VIII–lea e.n. tradiția Bon a degenerat, acest lucru s-ar fi putut datora scăderii statutului social al gândirii și practicii sale, sau a decăderii eticii scripturilor și raționamentului său. De asemenea, este posibil ca acest lucru să fi fost cauzat de persecuția politică.

1

Unii erudiți sugerează că există două tradiții Bon: tradiția actuală, cunoscută sub numele de Yungdrung Bon, și o tradiție mai veche. Această tradiție indigenă Bon a existat înainte de învățătorul Shenrab și, din această cauză, opiniile și practicile sale sunt considerate de acești savanți ca fiind eronate. Chiar dacă acest Bon mai vechi a fost învins de către Padmasambhava, puțini sunt cei care spun că opiniile și practicile tradiției Yungdrung Bon de astăzi sunt pervertite. Cu toate acestea, sunt alții care insistă că tradiția Bon mai veche nu a fost niciodată o tradiție autentică și că tradiția actuală Bon imită budismul, făcând din tradiția actuală un Bon ireal. Luând toate acestea în considerare, s-ar putea ca tradiția actuală Bon să fi imitat o mare parte din budism; pe de altă parte, budismul tibetan a fost în mare măsură influențat de multe dintre practicile derivate din Bon.

În acest fel, Bon și budismul s-au absorbit și s-au avantajat reciproc. Dacă am putea spune ceva despre aceste lucru, cred că aceasta este concluzia imparțială.

Astăzi, în Tibet ca și în India, baza, calea, fructul, precum și viziunea, meditația și conduita tradiției Bon sunt incontestabil autentice. De fapt, nu am observat nici cea mai mică diferență între Bon și budism. Având în vedere aceasta, se pare că merită ca practicanții budiști să acorde un respect egal tradiției Bon, și să învețe despre ea. De asemenea, am întâlnit și am văzut câțiva practicanți extraordinari Bon care exemplifică spiritualitatea autentică Bon, oferind tuturor un motiv pentru a învăța despre această tradiție spirituală magnifică.

În nordul înzăpezit, pe fundamentul acestui Pământ-ca-un-giuvaier,
Manifestare magică a înțelepciunii și mijloacelor, Shenrab Thubpa,
Descendent din lunga linie celestă a zeilor Yungdrung,
Destinat răcorosului Tibet, tu ești splendoarea excelenței!

CAPITOLUL II

TRADIȚIA BONO SCURTĂ INTRODUCERE ÎN BUDISM

CELE DOUĂ ADEVĂRURI

Deși au existat precursori ai răspândirii budismului în Tibet încă din secolul al IV–lea e.n., înflorirea efectivă a budismului a fost inițiată în timpul secolului al VII–lea e.n. În secolul al VIII–lea e.n., sutra budistă și învățăturile tantrice au fost transmise din India în Tibet. Dintre cele patru sisteme filozofice reprezentative ale budismului indian, învățăturile Madhyamaka sau filozofia Căii de Mijloc s-au răspândit cel mai mult în Tibet[1]. Pentru a explora mai pe deplin acest subiect, voi prezenta un rezumat al bazei, căii și fructificării, împreună cu viziunea, meditația și conduita budismului.

---

1   Patru sisteme filozofice (grub mtha' bzhi) derivate din budismul indian. Acestea sunt: 1) Sarvastivadin; 2) Vaibhaisika; 3) Yogacara; 4) Madhyamaka.

Există două adevăruri care stau la baza tuturor obiectelor cunoașterii. Aceste două adevăruri atotcuprinzătoare sunt cunoscute drept „adevărul convențional" și „adevărul ultim"[2]. Adevărul convențional este conștiința ființelor obișnuite, incluzând conștientizarea obișnuită de a vedea, auzi, gusta, mirosi și atinge, precum și formele, sunetele, mirosurile, gusturile și texturile care corespund acestor tipuri de conștiință. Pentru mintea neexaminată sau neanalizată, apariția temporară a conștiinței împreună cu un obiect pare reală. Deoarece această experiență falsă este instabilă și înșelătoare, ea este adevărul realității convenționale.

Adevărul ultim este ceea ce nu apare în mod natural minților neexaminate sau neanalizate ale ființelor obișnuite. Este semnificația ultimă absolută descoperită prin logică și raționament, natura tuturor fenomenelor care este de neînțeles și imperceptibilă minților obișnuite. Această natură ultimă a realității este direct recunoscută doar în prima etapă a căii bodhisattva către trezire[3]. Deoarece acesta este adevărul actualității faptice, se spune că este adevărul realității ultime.

Baza, calea, fructul

Perceperea simultană a acestor două niveluri ale realității are loc în mod direct în timpul omniscienței stării de Buddha. Aceste două adevăruri sunt baza pe care sunt aranjate și stabilite binele

---

2   Cele două tipuri de adevăr sunt adevărul convențional (kun rdzob bden pa) care cuprinde nivelul relativ aparent al realității și adevărul ultim (don dam bden pa) care cuprinde nivelul absolut al realității.

3   Există în general zece niveluri sau etape (sa bcu) pe care progresează un bodhisattva către starea de Buddha.

și răul, fericirea și tristețea și tot ceea ce poate fi cunoscut. Acesta este „baza" sau „fundamentul" acestor două adevăruri.

Urmează „calea" sau modul în care sunt dobândite cele două acumulări. Acestea două sunt acumularea de merite și acumularea de înțelepciune. Acumularea de înțelepciune este un proces de familiarizare și înțelegere a realității pure și absolute permanente, apoi este cunoscută natura tuturor lucrurilor. Acest lucru nu este ușor de realizat sau de predat. Metoda de a aduce în viitor beneficii spontane și fără efort tuturor ființelor simțitoare, ca un Buddha, este să meditezi acum asupra manifestării calităților bunătății iubitoare și compasiunii. Pentru aceasta, este esențial să practici diverse meditații, cum ar fi cele despre generozitate, echilibru, răbdare și așa mai departe.

Realizarea naturii tuturor lucrurilor cunoscute - realitatea sublimă a fenomenelor - este un proces de învățare care începe cu ascultarea, reflectarea și apoi îmbinarea analizei cu meditația de stabilizare. În cele din urmă, după ce toate inhibițiile sunt epuizate și există recunoașterea modului în care suntem înzestrați cu toate calitățile iluminate, este realizată starea de Buddha. Aceasta este starea supremă, pe care fiecare individ este capabil să o atingă.

Punctul culminant al căii este cunoscut sub numele de „fruct", starea desăvârșită de Buddha. Aceasta este starea care a abandonat atât cauzele, cât și rezultatele nefericirii, în timp ce a dezactivat reapariția propriilor tipare de tulburare emoțională, astfel încât individul să nu fie niciodată separat de fericirea supremă neschimbătoare. A atinge starea de Buddha înseamnă a aduce beneficii ființelor fără efort, în mod spontan și continuu, până când samsara este complet golită.

VIZIUNEA, MEDITAȚIA, CONDUITA

Pentru a deveni un Buddha pe deplin realizat, există trei principii cunoscute sub numele de viziunea, meditația și conduita. Aceste trei formează baza celor patru sisteme filosofice budiste indiene: Vaibhashika, Sautrantika, Cittamatra și Madhyamaka. Ele sunt apoi clasificate în vehicule obișnuite și extraordinare.[4] Prin mijloacele și înțelepciunea lor, primii regi ai Dharmei, traducătorii și erudiții din Tibet, au făcut astfel încât sistemul Madhyamaka al vehiculelor extraordinare să influențeze în primul rând viziunea, în timp ce sistemul Vaibhashika al vehiculului obișnuit a influențat conduita. În consecință, viziunea Madhyamaka este predominantă printre tradițiile budiste tibetane.

Datorită modalităților ușor diferite și a tehnicilor oarecum diferite de interpretare a viziunii Madhyamaka, au apărut în Tibet diverse tradiții budiste. Oricât de distinctive ar fi aceste interpretări, baza pentru toate acestea este viziunea unică Madhyamaka. Această viziune Madhyamaka susține că natura reală a fenomenelor, sau modul în care există fiecare lucru cognoscibil, nu este modul în care lucrurile ni se arată acum. Din această cauză, credem că vedem lucruri precum o masă, dar dacă ar fi să ne folosim logica și să investigăm mai îndeaproape, ar deveni evident că ceea ce numim „masă" nu este altceva decât un conglomerat de părți minuscule. De fapt, „masa" depinde pur și simplu de aceste părți minuscule și, dacă încercăm să identificăm o masă care există cu adevărat, nu vom putea găsi nicăieri o „masă". În același mod, tot ceea ce poate fi cunoscut

---

4 „Vehiculul obișnuit" (*theg pa thun mong*) se referă la învățăturile Hinayana, în timp ce „Vehiculele extraordinare" (*theg pa thun mong ma yin pa*) se referă la Mahayana și Vajrayana.

depinde de numele și identitatea sa. Pentru că lucrurile au propria lor bază de dependență, atunci când căutăm ceva, este imposibil să îl găsim. De aceea se spune că tuturor fenomenelor le lipsește existența intrinsecă.

Cu toate acestea, fără investigare, se atribuie sensul fenomenelor convenționale. Adică, pentru minţile care nu analizează ceea ce poate fi cunoscut, lucrurile par să fie așa cum apar. Acest lucru se datorează faptului inevitabil că toate cauzele își au rezultatele lor. Tipul acesta de gândire filosofică este modul în care Madhyamaka spulberă cele două viziuni extreme ale absolutismului (gândirea că lucrurile există cu adevărat), și ale nihilismului (gândirea că lucrurile nu există). Putem spune că această viziune Madhyamaka este comună tuturor tradiţiilor budismului tibetan.

Apoi există meditaţia și cele două acumulări dobândite de-a lungul căii. Ceea ce trebuie cultivat în timpul practicii meditative este atât mintea trezirii, cât și cele două tipuri de lipsă de sine sau insubstanţialitate.[5] Meditaţia în sine se bazează pe două metode de antrenament: 1) shamatha sau meditaţia de păstrare a calmului; și 2) vipashyana sau meditaţia introspectivă. Un meditator ascultă mai întâi și apoi studiază diferitele moduri în care există fenomenele. Faza meditativă de mijloc constă în examinarea și reflecţia asupra diferitelor concluzii care sunt trase din experienţă. În cele din urmă, este important să-ţi stabilizezi meditaţia într-un singur punct și în mod repetat asupra obiectului de meditaţie pentru a descoperi, fără a mai fi amăgit.

De exemplu, mai întâi trebuie să auzim despre modul în care sinele pare substanţial și despre cum sinele (eul) nu este nici identic, nici distinct de cei cinci constituenţi mentali și

---

5   Cele două tipuri de lipsă de sine sau insubstanţialitate (bdag gnyis) sunt
    lipsa unui sine intrinsec și a fenomenelor.

fizici ai unei ființe simțitoare.[6] Odată ce practicantul înțelege că nu există o esență a sinelui, semnificația acestui lucru este contemplată din nou și din nou. După ce un practicant a eliminat toate concepțiile greșite în starea meditativă și a ajuns la o certitudine completă cu privire la semnificația asupra căreia medita, se ajunge la perfecțiunea meditației.

În ceea ce privește conduita, modul general în care se comportă practicanții budiști este acela de a nu provoca nici un rău nimănui. În plus, budiștii tibetani sunt toți practicanți ai vehiculului Mahayana, ceea ce înseamnă că baza comportamentului lor este iubirea și compasiunea. Aceasta înseamnă să acționezi într-un mod binevoitor și nobil. Următorul aspect este să dai naștere din toată inima la bodhicitta sau mintea trezirii, pentru a aduce beneficii celorlalte ființe vii. Acesta este modul în care se comportă un practicant budist tibetan. Conduita derivă din tradiția budistă Vaibhashika și este modul etic în care acționează călugării tibetani hirotoniți. Vaibhashika a fost una dintre cele patru școli budiste indiene principale timpurii ale shravaka, iar ghidurile lor etice continuă să servească drept bază pentru conduita budistă.[7]

---

6   Cei cinci constituenți (agregate) (*phung po lnga*) sunt: 1) forma (*gzugs*); 2) senzațiile (*tshor ba*); 3) percepțiile (*,du shes*); 4) formațiunile mentale (*,du byed*); 5) conștiința (*rnam shes*). Acești cinci constituenți alcătuiesc componentele mentale și fizice ale unei persoane.

7   A se vedea glosarul pentru „shravaka".

CAPITOLUL III

VIAȚA LUI BUDDHA ȘI BUDISMUL ÎN INDIA

POVESTEA VIEȚII LUI SHAKYAMUNI

Buddha are multe nume. În tibetană este cunoscut drept „Shakya Thubpa", iar în sanscrită, limba străveche a Indiei, este cunoscut sub numele de „Shakyamuni". Buddha s-a născut în urmă cu peste două mii cinci sute de ani în orașul indian Lumbini, o regiune aflată în sudul Nepalului de astăzi. Pentru a oferi unele informații contextuale, voi detalia câteva referințe din literatura budistă. De exemplu, în *Sutra Întâlnirii Maestrului cu Fiul Său Spiritual* se poate citi,[8]

---

8   Titlul tibetan: *yab sras mjal ba'i mdo.*

În trecut, în urmă cu nemăsurați eoni cosmici, a existat un sistem mondial cunoscut sub numele de „Tărâmul Buddha cu tot atâtea lumi câte grăunțe de nisip sunt în fluviul Gange". În acest Tărâm Buddha a existat un tathagata numit „Apogeul puterii". Ca Buddha, el a adus enorme beneficii ființelor, înainte de a trece în nirvana. După ce a obținut starea de Buddha, a continuat să predea timp de nenumărați eoni. De atunci, el a dezvoltat o minte pură, jurând să predea calea către starea de Buddha până când samsara va fi golită.

De fapt Buddha Shakyamuni, Buddha nostru istoric, și-a purificat complet toate pângăririle derivate din cele două tipuri de întunecări cu nemăsurați eoni în urmă și a realizat iluminarea completă.[9] Datorită înțelepciunii, mijloacelor și compasiunii sale intense, el a apărut în perioada celor cinci degenerări.[10] Din fericire, din considerație și afecțiune profundă pentru ființele vii, Shakyamuni s-a manifestat în această lume și a îndeplinit cele douăsprezece fapte ale unui corp de emanație supremă.[11]

---

9   Cele două tipuri de întunecări (*sgrib gnyis*) sunt cognitive și emoționale.

10 Cele cinci degenerări sunt: 1) degenerarea duratei de viață; 2) degenerarea perioadei de timp; 3) degenerarea punctelor de vedere; 4) degenerarea bunăstării emoționale; 5) degenerarea ființelor simțitoare.

11 Aceste douăsprezece fapte sunt: 1) Coborârea din Tărâmul Zeilor Tushita (*,pho ba*); 2) Intrarea în pântecele mamei sale (*lhum zhugs*); 3) Nașterea (*bltams pa*); 4) Dobândirea priceperii în artele lumești și demonstrarea abilităților fizice (*bzo dang*); 5) Bucurarea de un alai de regine (*rol rtse*); 6) Renunțarea la lume (*nges ,byung*); 7) Practicarea austerității și renunțarea la ea (*dka' spyad drug*); 8) A ajunge la esența iluminării (*gshegs*); 9) Înfrângerea demonului Mara (*bdud sde bcom*); 10) Atingerea iluminării totale sub Arborele Bodhi (*byang chub*); 11) Învârtirea Roții Dharmei (*chos ,khor*); 12) Plecarea spre nirvana (*myang ,das*).

Continuumul Sublim ne spune, de asemenea,[12]

Cunoscând această lume, Cel cu Compasiune măreață
A privit la acest întreg univers superficial distructibil
Și, fără a se abate de la dimensiunea supremă a realității,
A generat și a manifestat diverse apariții magice.

Coborând din veselul Tărâm Pur Tushita,
A intrat în pântecele mamei sale și s-a născut.
Învățat și priceput în arte,
I-a plăcut și s-a jucat cu o suită de consoarte,

Apoi a renunțat la viața sa opulentă pentru austeritate.
Mergând spre Bodhgaya,
El a supus hoarde de demoni
Și, după iluminarea perfectă,

A învârtit roata trezirii.
Trecând în nirvana,
El a jurat că va preda atâta timp cât
rămân impure câmpurile existenței.

Până în momentul în care Buddha Shakyamuni s-a reîncarnat ca Dampa Togpar în Tărâmul Pur Tushita, el se manifestase deja ca Bodhisattva în diferite tărâmuri ale lumii. Odată ce a coborât din Tushita, și-a încheiat toate renașterile.

În timp ce era cu zeii în Tărâmul Pur Tushita, în timpul unuia dintre festivaluri, Buddha a fost inspirat de sunetele celeste ale muzicienelor zeițe. Mișcat de muzica lor, prin puterea meritului său anterior, a propriei capacități înnăscute și a binecuvântărilor

---

12 Titlul tibetan: *rgyud bla ma*.

tuturor Buddha anteriori, bodhisattva a coborât în lumea noastră. În acel moment de inspirație, el și-a scos coroana și a așezat-o pe capul regentului său Maitreya.

Bodhisattva a plecat spre lumea noastră în perioada celor cinci degenerări, locul fiind Kapilivastu, casta regală, linia genealogică Shakya și mama sa Maya mai frumoasă decât o zeiță. Călărind pe un elefant alb ca norul cu șase colți, el a intrat în mod magic în pântecele mamei sale Maya, în timp ce ea se purifica. În timp ce era în pântecele mamei sale, timp de zece luni, bodhisattva a ghidat cu compasiune nenumărați discipoli pe căile celor trei vehicule, ajutându-i să ajungă la maturitatea spirituală.

Ca semn al nașterii lui Buddha, nouăzeci și patru de milioane de plante medicinale au încolțit spontan în centrul marilor continente ale planetei Pământ, în timp ce pădurile de santal au înflorit pe fiecare dintre subcontinente. Acestea, precum și multe alte semne minunate, au prefigurat nașterea lui Buddha.

Când mama sa Maya se plimba prin grădinile Lumbini, ea a prins cu mâna dreaptă ramura unui copac Palkasha, și-a întins corpul și, fără nici o durere, l-a născut pe viitorul Buddha. La sosirea sa, el a pășit pe flori de lotus care creșteau în fiecare dintre cele patru direcții. Fiind martor la acestea și la multe alte semne miraculoase, tatăl său l-a numit Siddhartha, adică „cel care împlinește orice scop". În copilărie, a fost răsfățat de treizeci și două de fecioare și, din cauza naturii sale atente și blânde, a fost numit „Înțeleptul clanului Shakya" sau „Shakyamuni". Dintre numeroșii ghicitori și sfinți care l-au vizitat în copilărie, Rishi Nagpo Nyonmong Med a fost cel care a profețit că va deveni Buddha.

În tinerețe, bodhisattva a mers la școală pentru a-și dezvolta diverse abilități. Siddhartha a excelat în studiile sale și, în special, în studiul limbilor străine. Înțelegerea sa asupra limbilor era atât de mare, încât cunoștea limbi despre care profesorul său, Kungi Shenyen, nu auzise niciodată. La vârsta de șaisprezece ani, i-a învins pe cei mai puternici dintre tinerii războinici din clanul Shakya în competițiile sportive, iar mai târziu s-a căsătorit cu prințesa Drag Zinma. Împreună cu soția sa și iubita Ri Dwags Kayma, Siddhartha avea o suită de șaizeci de mii de consoarte. Tânărul prinț a continuat să ducă o viață lumească precum un zeu nemuritor până la vârsta de douăzeci și nouă de ani.

Văzând un bătrân, un om bolnav, un cadavru și un ascet umil în fiecare dintre cele patru direcții ale porților palatului, Siddhartha a contemplat sensul vieții sale de rege, al alaiului său de consoarte și al cerințelor tatălui său. Apoi, prin puterea aspirațiilor sale anterioare și prin binecuvântările tuturor Buddha din cele zece direcții, a fost din nou mișcat de muzica eliberării și a decis să părăsească viața regală. Renunțând la mândria și aroganța sa, tânărul prinț și-a îndreptat atenția cu hotărâre spre Trezire. Simțind că nu este timp de pierdut, prințul a plecat la miezul nopții călare pe calul său.

Siddhartha și-a tăiat apoi părul în fața învățătorului Choten Namdag, s-a îmbrăcat în robe de culoarea șofranului care i-au fost dăruite de zei și a devenit un ascet. Apoi a călătorit până pe malurile râului Nairanjana, unde a rămas absorbit în concentrare meditativă omniprezentă timp de șase ani. În fiecare zi mânca o sămânță dintr-un ienupăr și se străduia cu ardoare în practici ascetice extreme. Îndurând aceste austerități, tânărul cerșetor și-a dat seama că practicile corpului și vorbirii nu îi hrănesc dorințele inimii. Într-un moment de epuizare totală, tânăra fiică a unui brahman pe nume Legs Tshoma i-a oferit un bol cu terci dulce de orez cu lapte și miere, care conținea nutrienții esențiali din laptele de la o mie de vaci. El a înțeles atunci că practicile ascetice nu îl vor conduce la iluminare și că drumul către iluminare este calea de mijloc între extreme. După ce a băut deliciosul lapte de orez, corpul lui a fost revigorat, iar tenul i-a strălucit cu lumina unui altar auriu.

Ajuns la vârsta de treizeci şi cinci de ani, Bodhisattva se apropia de realizarea iluminării. Călătorind spre Bodhgaya, în nordul Indiei, s-a aşezat sub Arborele Bodhi. Pe drum, a întâlnit un vânzător de iarbă pe nume Tashi, care i-a oferit o legătură de iarbă kusha, netedă ca penele de păun. La sosirea în Bodhgaya, bodhisattva a înconjurat Arborele Bodhi de trei ori, a aşezat vârfurile ierbii kusha orientate spre est şi s-a aşezat pe ele. Aşezat astfel, el a făcut un jurământ ferm: „chiar dacă trupul meu se ofileşte, chiar dacă pielea şi oasele mele se descompun, eu voi sta aici fără să mişc acest trup, până când voi atinge iluminarea care necesită eoni pentru a fi descoperită".

Bodhisattva s-a gândit că dacă nu va invoca forţele negativităţii şi provocării, nu va fi apt să dobândească starea de Buddha. Prin urmare, şi-a folosit abilităţile psihice pentru a emana raze de lumină dintre sprâncene, care l-au ademenit pe demonul malefic Mara şi pe cei patru demoni înfricoşători, slujitori lui. Ei s-au apropiat cu înfăţişări feroce, trăgând cu nenumărate arme înspăimântătoare asupra Bodhisattva, dar, prin radiaţia iubirii şi bunătăţii el i-a învins pe fiecare dintre ei.

Demonii l-au ameninţat apoi, spunându-i lui Bodhisattva că nu poate obţine eliberarea pentru că nu a acumulat suficiente merite. Zeiţa Pământului împreună cu alaiul ei au proclamat apoi mărturia lor asupra acţiunilor lui bodhisattva, asigurându-i pe demonii că el a realizat şi a perfecţionat cele două acumulări în timpul nenumăraţilor eoni din trecut.[13] Din nou, demonii au apărut deghizaţi ca apariţii sexy care au încercat să-l seducă pe bodhisattva cu diverse tehnici jucăuşe şi de flirt, dar nici măcar un fir de păr nu s-a mişcat pe corpul său. Odată ce bodhisattva a învins această ultimă ispită, hoardele de demoni au dispărut. În zorii zilei următoare, Siddhartha a depăşit cele mai subtile

---

13 Cele două acumulări (*tshogs gnyis*) sunt de merit şi de înţelepciune.

întunecări cognitive, într-o stare de stabilizare meditativă nezdruncinată și a realizat iluminarea completă.

Pentru a demonstra profunzimea realizării sale, Buddha a decis să nu predea timp de șapte săptămâni. Renumitul stăpân al zeilor, Brahma, l-a vizitat în acest timp pe Buddha și i-a oferit o Roată de aur cu o mie de spițe, iar zeul Indra i-a oferit o trâmbiță din cochilie de melc care se răsucea spre dreapta. Ambii i-au cerut insistent să învârtă Roata Dharmei și să predea așa cum promisese înainte de a deveni Buddha.

În cele din urmă, Buddha s-a îndreptat spre Parcul Căprioarelor din Varanasi, unde și-a întâlnit primii cinci discipoli. Apoi, în a patra zi a lunii a șasea a calendarului lunar tibetan, Buddha a rotit Roata Dharmei, predând Cele Patru Nobile Adevăruri.[14] După ce au auzit această învățătură, cei cinci discipoli ai săi au atins starea de arhat, iar semnificația celor Trei Prețioase Giuvaiere a fost auzită pentru prima dată în această lume.[15]

La vârsta de treizeci și cinci de ani, Shakyamuni a devenit un Buddha pe deplin realizat. Până la moartea sa, Buddha a organizat patruzeci și cinci de retrageri de vară și a învârtit Roata Dharmei de nenumărate ori, explicând învățături atât cu semnificație definitivă, cât și provizorie. Shakyamuni a predat în locuri accesibile precum Rajagriha, Muntele Piscul Vulturului și Vaishali din nordul Indiei, dar și în locuri nelumești, pentru zei și ființe din alte lumi. Prin abilitățile sale miraculoase, Buddha s-a manifestat în locuri de neînchipuit, precum Palatul Prețios Vajra și vârful Muntelui Sumeru[16]. În locuri precum acestea, Buddha

---

14 A se vedea glosarul pentru „Cele Patru Nobile Adevăruri".

15 A se vedea glosarul pentru „Arhat" și „Cele Trei Giuvaiere Prețioase".

16 Muntele Sumeru este muntele cosmologic situat în centrul sistemului nostru mondial. Este înconjurat de patru continente, dintre care continentul sudic este Jambudvipa, lumea noastră.

a arătat mijloace excepționale pentru a-și ajuta discipolii să progreseze de-a lungul căilor lor spirituale. La aceste adunări au fost prezenți discipolii cei mai apropiați ai lui Buddha, Shariputra și Maudgalyayana, împreună cu călugări bodhisattva, călugărițe și persoane laice de ambele sexe. Exemplificând caracterul trecător al lucrurilor și inspirând renunțarea în acei discipoli care se agățau de iluzia lucrurilor durabile, în orașul Kushinagar, între doi copaci sala, Buddha s-a întins pe partea dreaptă, a așezat un picior peste celălalt și a predat ultima sa învățătură în forma sa fizică, trecând în nirvana inegalabilă.

BUDISMUL INDIAN DUPĂ BUDDHA

Relațiile lui Buddha și locurile în care a trăit sunt consemnate în *Măreața Comoară a Explicației Detaliate.*[17] Tradus în tibetană, textul spune astfel:

> Saketa, Vaishali, Pământul Alb, și în tărâmul zeilor,
> Unde mor naivii, Koshambhai, lângă stupele din
>   munții înalți,
> În împrejurimile zgomotoase, satele de bambus și
>   în orașul Kapilavastu,
> Buddha a petrecut un an în aceste locuri, predând
>   Dharma celor norocoși.
>
> Douăzeci și trei de ani i-a petrecut în orașul Shravasti,
> Patru ani a trăit în Pădurea Medicinală,
> Doi ani în Peștera Barma, cea mai interioară,
> Cinci ani în orașul regal Rajagriha,

---

17 Titlul tibetan: *bye brag bshad mdzod chen mo.*

Șase ani a îndurat austerități ascetice,
Douăzeci și nouă de ani i-a petrecut în palat.

Se știe că la optzeci de ani Cel Victorios
A trecut complet în nirvana.

Unele dintre aceste locuri, cum ar fi Rajagriha, râul Nairanjana unde și-a desfășurat practicile ascetice, orașul Kapilavastu, orașul Rajagriha și câteva alte locuri, sunt astăzi bine cunoscute, în timp ce multe altele au devenit de nerecunoscut odată cu trecerea timpului.

În orașul Rajagriha, la un an după trecerea lui Buddha în nirvana, discipolul său Mahakashyapa a ținut un conciliu pentru compilarea învățăturilor lui Buddha despre codurile etice monahale sau *Vinaya-pitaka*, în timp ce discipolul său Ananda a ținut un conciliu pentru compilarea discursurilor lui Buddha sau *Sutra-pitaka*.[18] Mahakashyapa a adunat apoi toate învățăturile lui Buddha despre științele interne și externe și le-a compilat în colecția *Abhidharma-pitaka*. Astăzi, suntem extrem de norocoși să avem aceste Trei Colecții ca înregistrări a ceea ce Buddha a predat, conform acestui Prim Conciliu.

După Mahakashyapa, aceste colecții au fost păstrate de Ananda, apoi de Arya Sanavasin, Arya Upagupta, Arya Dhitika, Arya Krsna și Arya Mahasudarshana. Această succesiune de șapte arhați este bine-cunoscută și citată în *Preceptele minore ale Vinaya*, precum și în *Sutra* Lotusului Alb.[19] Fiecare dintre acești șapte arhați a menținut învățăturile lui Buddha într-un mod foarte asemănător cu cel al lui Buddha. Odată ce acești șapte au trecut dincolo, învățăturile lui Buddha au fost încredințate

---

18 A se vedea glosarul pentru „Vinaya-pitaka" și „Sutra-pitaka".

19 Titlul tibetan: *snying rje pad dkar po'i mdo.*

multor călugări arhați diferiți, care nu au fost capabili să păstreze tradiția budistă în același mod ca această măreață succesiune de șapte arhați.

La o sută zece ani după trecerea lui Buddha în nirvana, călugării au început să se comporte într-un mod contradictoriu cu codul monahal. În consecință, un Al Doilea Conciliu a fost ținut la Vaishali. Acest Al Doilea Conciliu a fost condus de ahatul Kirti și la el au participat șapte sute de arhați care au succedat în linia de descendență a lui Ananda. Călugării care s-au adunat la Vaishali au ținut o ceremonie pentru a-și purifica și restabili jurămintele. Apoi au sărbătorit această ocazie de bun augur cu un festin.

La o sută treizeci și opt de ani după moartea lui Buddha, mulți dintre călugării budiști au început să aibă opinii diferite și, în consecință, s-au format optsprezece școli shravaka distincte. În timpul secolului I î.Hr., regele Kanika a invitat și a sponsorizat cinci sute de arhați, inclusiv pe Arya Tsiblog, patru sute de bodhisattva, inclusiv pe Vasumitra, și o mulțime foarte mare de practicanți obișnuiți, care au susținut în Templul Nagyan din Kashmir cele *Trei Colecții* ale învățăturilor lui Buddha. Așa cum a fost prezis în *Sutra viselor profetice ale regelui Krikin,* fiecare dintre aceste optsprezece școli a urmat cuvintele autentice ale lui Buddha și a consemnat în mod decisiv relatări nescrise anterior, aranjând cu precizie colecțiile de învățături ale lui Buddha.[20] Aceste revizuiri și corecții au constituit Al Treilea Conciliu.

În ceea ce privește extraordinarele colecții de învățături Mahayana, sute de mii de bodhisattva s-au adunat pe muntele Vimasambhava din sudul orașului Rajagriha, vechea capitală a regatului Magadha. Acolo, Manjushri a predat Abhidharma sau științele interne și externe, Maitreya a predat Vinaya sau

---

20 Titlul tibetan: *rgyal po kri kri'i rmi lam lung bstan pa'i mdo.*

codurile etice de conduită, iar Vajrapani a predat Sutrele sau seturile de discursuri ale lui Buddha. Marele maestru indian Bhavaviveka a proclamat, de asemenea, în lucrarea sa *Focul Raționamentului* că Mahayana a fost predată de Buddha și că textele sale primare au fost compilate de Samantabhadra și Maitreya.[21] Oricum ar fi fost, nu este foarte clar când a avut loc cu exactitate un Conciliu Mahayana.

După trecerea lui Buddha în nirvana au apărut multe dezacorduri între cei ordinați în cadrul comunității budiste cu privire la abordarea spirituală de urmat. Majoritatea călugărilor au decis să adere la abordarea Hinayana sau shraka și, în consecință, învățăturile Mahayana au degenerat. Această perioadă a durat până când personajul carismatic Arya Nagarjuna și discipoli săi au apărut în secolul I e.n. Apoi, câteva sute de ani mai târziu, pe vremea lui Asanga și Vasubandhu, filozofia Mahayana a fost reînviată și s-a răspândit pe scară largă.

Linia de fii spirituali ai lui Nagarjuna care a susținut filozofia Madhyamaka include pe maestrul Aryadeva, maestrul Buddhapalita, maestrul Bhavaviveka, marele învățat Shantarakshita și pe maestrul Shantideva. Linia de fii spirituali care i-a succedat lui Asanga include pe fratele său mai mic Vasubhandu, Arya Namdrolde, veneratul Gunaprabha, maestrul Dignaga, maestrul Lodro Tenpa, Dharmakirti, maestrul Chandragomin și pe maestrul Shakyaprabha. În timp ce Nagarjuna, Asanga și Dignaga sunt cunoscuți ca autori ai textelor filosofice fundamentale budiste, Aryadeva, Vasubandhu și Dharmakirti sunt cunoscuți ca fiind comentatori autorizați. Împreună, ei sunt numiți Cele Șase Ornamente care împodobesc lumea noastră. Gunaprabha și Shakyaprabha sunt cunoscuți ca Cei Doi Maeștri Supremi, deoarece au ajutat la

---

21 Titlul tibetan: *rtog ge ,bar ba.*

răspândirea codurilor etice în Vinaya, care servesc drept bază pentru învățăturile lui Buddha.

Shantideva și Chandragomin au contribuit enorm la înflorirea budismului în India și, din acest motiv, ei sunt numiți Cei Doi Maeștri Minunați. Shantideva a fost un mare erudit la Universitatea Monahală Nalanda, iar când unii dintre colegii săi i-au testat cunoștințele, el a rostit celebra sa compoziție, *Urmând calea unui Bodhisattva*.[22] În timp ce preda capitolul despre înțelepciune, a început să explice „tangibilul și intangibilul…", înălțându-se în mod magic de pe pământ în cer. Continuând să elucideze tema către mulțime, trupul său a dispărut și s-a auzit doar vocea sa. La vârsta de șapte ani, Chandragomin a devenit faimos pentru că i-a învins în dezbateri pe non-budiști și pentru că în timp ce vizita Universitatea Nalanda și lăuda o statuie de piatră a lui Manjushri, statuia și-a întors fața și l-a privit.

Pe lângă acești mari învățători spirituali, mai erau și cei șase cărturari celebri ai celor șase porți ale Mănăstirii Vikramalashila. Păzitor al porții de est era atotștiutorul Ratnakarnashanti, păzitor al porții de sud a fost Prajnakaramati, păzitor al porții de vest era Manjushri, păzitor al porții de nord era Naropa, primul stâlp central era păzit de brahmanul Ratnavajra, iar cel de-al doilea stâlp era păzit de Jnanamitra. De fapt, în India trăiau în acea vreme multe sute de eruditi budiști și yoghini desăvârșiți. După cum arată istoria Indiei, comunitățile budiste erau atât de răspândite, încât este dificil de estimat câte erau cu toate.

În general, se consideră că secretele Vajrayana sau învățăturile tantrice budiste au fost predate de Buddha după A Treia Întoarcere a roții Dharmei.[23] Aceste învățături au fost expuse

---

22 Titlul tibetan: *byang chub sems dpa'i spyod pa la ,jug pa.*

23 A Treia Întoarcere a Roții Dharmei este a treia dintre cele trei întoarceri succesive ale Roții Dharmei (*bka' ,khor lo rim pa gsum*). Aceste ro-

inițial pentru regele Indrabodhi în Uddiyana, o țară despre care se crede că se afla în vecinătatea Pakistanului de astăzi. Regele Indrabodhi, regina sa și însoțitorii lor au transcens la statutul de deținători ai înțelepciunii sau de ființe care au realizat semnificația tantrei prin practică. Deoarece toți copiii din acest oraș au devenit adepți tantrici și au putut să zboare prin cer, Uddiyana a fost renumită drept „Casa dansatorilor cerești". Linia tantrică a regelui Indrabodhi continuă să fie transmisă până astăzi prin maeștrii deținători de înțelepciune.

În particular, *Tantra Kalachakra* a fost predată de Buddha la Drepung sau Muntele Orezului Alb din sudul Indiei regelui budist Suchandra și anturajului său. De atunci, *Tantra Kalachakra* a fost o practică primară a marilor regi Dharma emanați. Atât în India, cât și în Tibet, mulți eruditi și yoghini desăvârșiți au păstrat în adâncul inimii lor această tantra, iar acum *Kalachakra* a înflorit în lumea noastră. În zilele noastre, *Kalachakra* este considerată de către practicanții atât ai tradițiilor traducerii timpurii, cât și ai tradițiilor traducerii târzii, ca fiind unul dintre cele mai eficiente mijloace de iluminare dintre toate tantrele.

---

tației sau revoluții sunt: 1) Prima Întoarcere, care cuprinde Cele Patru Nobile Adevăruri și învățăturile originării interdependente; 2) A Doua Întoarcere, care cuprinde *Scripurile Înțelepciunii Transcendente* sau *Sutrele Prajnaparamita* și învățăturile Madhyamaka; 3) A Treia Întoarcere, care cuprinde învățăturile despre natura de Buddha și natura luminoasă a minții. Învățăturile „semnificației definitive" (*nges don*) sunt în contrast cu învățăturile „semnificației provizorii" (*drang don*); aceasta este o referință la schemele interpretative budiste, pentru a determina care dintre cuvintele lui Buddha și comentariile lor ulterioare exprimă intenția finală a lui Buddha.

CAPITOLUL IV
TRADIȚIA NYINGMA

Traducerile timpurii și înflorirea budismului tibetan

Transmiterea budismului în Tibet

Deși învățăturile lui Buddha au înflorit în India, continuitatea budismului indian a fost întreruptă din cauza distrugerii provocate de invazia barbarilor. Un incident celebru în distrugerea budismului din India a fost când cerșetorul Suryasiddhi a incendiat Universitatea Monahală Nalanda, deoarece nu era de acord cu comportamentul delicvent al câtorva călugării budiști de acolo. Datorită mai multor circumstanțe nefericite similare, budismul din India a căzut într-o stare de degradare extremă. Acest lucru a fost profețit de Buddha în *Sutra Zeiței Imaculate.*[24]

---

24   Titlul tibetan: *lha mo dri ma med pa'i mdo.*

Datorită bunăvoinței regilor tibetani bodhisattva, a miniștrilor, erudiților și a traducătorilor tibetani, liniile complete de explicații și realizări ale învățăturilor lui Buddha din Hinayana, Mahayana și Vajrayana au fost transmise fără cusur în Tibet. Chiar și după distrugerea severă de către Armata Roșie a reprezentărilor simbolice ale budismului, cum ar fi mănăstirile, templele și relicvariile Celor Trei Giuvaiere, și după diaspora poporului tibetan, budismul din Tibet a rămas în mare parte neafectat. Acest lucru se datorează, fără îndoială, bunăvoinței deținătorilor de linie de descendență care au susținut tradițiile budiste tibetane de explicație și realizare.

În particular, mulți lama și tulku care susțin tradiția nesectară a filozofiei și practicii budiste Rimé au fugit în India, Nepal, Bhutan și multe țări occidentale după ce Tibetul și-a pierdut independența, iar al XIV–lea Dalai Lama a fugit în exil în 1959. În consecință, comunitatea de refugiați tibetani a susținut, păstrat și răspândit prețioasele învățături ale lui Buddha în exil. Drept urmare, budismul tibetan este cunoscut în multe țări din întreaga lume și devine din ce în ce mai cunoscut în fiecare an.

În plus, budismul nu s-a înrădăcinat spontan în Tibet, ci a fost nevoie de generații de sacrificii și de efort concertat pentru a transplanta învățăturile lui Buddha în Țara Zăpezilor. Din fericire, datorită respectului intens, a devotamentului și a perseverenței poporului tibetan, au fost create condițiile pentru înflorirea budismului în Tibet. Pe măsură ce diversele instrucțiuni ale eruditilor și adepților indieni erau puse în practică, poporul tibetan și-a aprofundat înțelegerea acestor instrucțiuni, iar budismul a ajuns în cele din urmă să fie din ce în ce mai susținut. Deoarece anumite persoane au început să dețină linii de descendență distincte și pentru că discipolii lor au aderat succesiv la anumite sisteme de gândire și practică, au apărut diverse tradiții ale budismului tibetan. Fără a lua în considerare diferențele dintre ele, este important să știm că doctrinele tuturor acestor tradiții se bazează în întregime pe modelul bazei, căii și fructului. De exemplu, deși mâncăm alimente diferite ce au arome diferite, toate alimentele pe care le consumăm au unicul scop de a ne hrăni corpul.

Există tradiții mai răspândite și mai cunoscute ale budismului tibetan, precum Nyingma, Kagyu, Sakya, Jonang, Zhijed, Shalupa, Podongpa, Geluk, dar mai există multe alte tradiții care au dispărut în timp. În zilele noastre, sunt cinci tradiții care au prins rădăcini și și-au menținut sistemele filozofice autonome și practicile de meditație prin construirea de mănăstiri și instruirea deținătorilor liniilor de descendență pentru a-și menține tradiția lor distinctivă. Acestea sunt Nyingma, Kagyu, Sakya, Jonang și Geluk. Ele pot fi numite cele cinci mari tradiții ale budismului tibetan.

Relatările, punctele de vedere și practicile acestor tradiții sunt descrise concis și se disting în funcție de vederile lor filozofice și sistemele lor tantrice. Adică, dacă sunt din tradiția *zhentong* sau *rangtong* Madhyamaka, sau dacă aparțin tradițiilor traducerilor timpurii sau târzii ale tantrelor. Dacă fac parte din tradiția traducerii timpurii, atunci sunt denumite „Nyingma", iar dacă fac parte din tradițiile traducerii târzii, atunci sunt denumite „Sarma". Acestea sunt principalele moduri prin care budismul a fost transmis în Tibet.

Tradiția Nyingma timpurie

Tradiția Nyingma poate fi identificată până în anul 433 e.n., atunci când primele scripturi budiste au fost aduse în Tibet în timpul domniei regelui Latho Thothori Nyentsan. Apoi, în secolul al VII–lea, budismul a fost introdus oficial în Tibet de către regele Songtsen Gampo (d. 650). În perioada cuprinsă între secolul al VIII–lea și începutul secolului al IX-lea, regele Trisong Deutsen (790–844) a dezvoltat și a propagat în continuare budismul în Tibet.

Dacă începem să numărăm de la Nyatri Tsenpo, considerat primul rege al Tibetului, regele Latho Thothori Nyentsan a fost al douăzeci și optulea rege tibetan. În timpul domniei regelui Latho Thothori, un cărturar nepalez pe nume Losemtsho și un traducător pe nume Lithese l-au vizitat și i-au oferit regelui un text intitulat „*Sigiliul simbolic care îndeplinește ceea ce i se cere*", o stupă de aur și o matriță gravată pentru reproducerea nestematelor care împlinesc dorințele[25]. Chiar dacă regele nu cunoștea semnificația acestor obiecte sublime, el le-a respectat și le-a venerat. Regele Latho Thothori a continuat să ducă o viață lungă și prosperă, îndeplinindu-și responsabilitățile sociale cu bunăvoință. Mai important, aceste daruri au fost un semn pentru viitoarea înflorire a budismului în Tibet.

Mai târziu, regele Songtsen Gampo și-a trimis în India ministrul, pe traducătorul Thonmi Sambhota, care a învățat scrierea Gupta ce a fost folosită ca model pentru crearea alfabetului tibetan. *Sutra Norului Bijuteriilor Prețioase*, *Caseta Formulărilor Mistice* și *Sutra Lotusului Alb* au fost, prin urmare, traduse din sanscrită în tibetană, împreună cu multe alte texte budiste.[26] În acest timp, ministrul regelui Sontsen Gampo, Gartongtsen, prin talentul său diplomatic, a invitat-o pe fiica regelui nepalez Amashuvarma, prințesa Brikuti, să se căsătorească cu regele Songtsen Gampo și să devină regina Tibetului. Ca daruri de zestre regală, prințesa a adus cu ea o statuie a lui Jowo Mikyo

---

25 Titlul tibetan: *dpang skong phyag rgya*.
26 Titlurile tibetane: *mdo sde dkon mchog sprin, za ma tog gi bzungs, snying rje pad ma dkar po'i mdo*.

Dorje, Buddha încoronat, o statuie a viitorului Buddha Maitreya care învârte Roata Dharmei și o statuie din lemn de santal a Tarei, care s-a manifestat singură.

Regele Songtsen Gampo și regina Brikuti au construit, de asemenea, temple pentru a îmblânzi și supune și mai mult forțele indigene periculoase și opozante. Procedând astfel, ei au amplasat temple în locații specifice în funcție de divinație și de principiile geomantice ale districtelor locale din Tibet și din regiunea Himalaya. Aceste temple au inclus templul miraculos Tsuglag Khang din Lhasa, Templul Tradrug, Templul Katsal, Templul Tsangdram, Templul Trompa Gyang, Templul Longtang Drolma, Templul Mangyul Jamtrin și Templul Bumthang din Bhutan. După ce au terminat aceste temple de pază ale districtelor, regina Brikuti a vizitat lacul Othang din Lhasa unde și-a aruncat în aer inelul exprimându-și o dorință, iar marele templu Rasa Trulnang a apărut în mod magic acolo unde i-a aterizat inelul.

Regele Songtsen Gampo s-a căsătorit și cu fiica regelui chinez Thong Thay Jung, prințesa Wun Shing Kongjo. Ca zestre, prințesa a adus cu ea din China o statuie a lui Buddha Jowo Shakyamuni. Apoi a construit Templul Ramoche din Lhasa pentru a adăposti darul ei prețios. Una dintre reginele tibetane ale regelui Songsten Gampo, regina Ruyong Za a construit un templu la peștera de meditație a regelui, Drug Lhalupuk, iar o altă regină tibetană, Mangza Tricham, a construit un templu în Yerwa. Un alt eveniment notabil în timpul domniei regelui Songtsen Gampo a fost sosirea în Tibet a brahmanului Shankar, a maestrului nepalez Shilamanju și a marelui maestru chinez Hashang Mahayana, care au tradus multe texte budiste.

Regele, starețul și maestrul

Între sfârșitul secolului al VIII–lea și începutul secolului al IX–lea, a domnit în Tibet regele Trisong Deutsen (790-844). După ce a analizat textele budiste care au fost traduse de predecesorii săi și modul în care strămoșii săi au contribuit la răspândirea budismului, regele a fost motivat să răspândească învățăturile sublime ale lui Buddha în Tibet. El l-a invitat mai întâi pe cărturarul indian, starețul Shantarakshita, care a predat cele zece virtuți și cele douăsprezece legături ale interdependenței.[27] Deși regele și starețul s-au gândit să pună temelia templului Samye, pe măsură ce îl construiau, fantome și demoni răutăcioși le întrerupeau fiecare încercare. Conform profeției, Regele l-a invitat apoi pe Maestrul Padmasambhava din Uddiyana, care a legat sub jurământ fantomele și demonii. Templul Samye a fost apoi construit cu ușurință, fără alte întreruperi.

---

27 Cele zece virtuți (*dge ba bcu*) sunt: 1) abținerea de la a lua viața (*srog gcod pa spong pa*); 2) abținerea de la a lua ceea ce nu ți-a fost dat (*ma byin par len pa spong ba*); 3) abținerea de la o conduită sexuală nepotrivită (*,dod pas log par g.yem pa spong pa*); 4) abținerea de la vorbirea falsă (*brdzun du smra ba spong ba*); 5) abținerea de la a folosi cuvinte dure (*tshig rtsub po smra ba spong ba*); 6) abținerea de la a vorbi calomnios (*phra mar smra ba spang ba*); 7) abținerea de la rostirea unor cuvinte nesimțite (*tshig bkyal ba smra ba spong ba*); 8) abținerea de la o mentalitate lacomă (*brnab sems spong ba*); 9) abținerea de la o mentalitate răutăcioasă (*gnod sems spong ba*); 10) abținerea de la opinii pervertite (*log par lta ba spong ba*). Cele 12 verigi ale interdependenței (*rten ,brel bcu gnyis*, Skt: *pratityasamutpada*) sunt: 1) ignoranța (*ma rig pa*); 2) tedințele (*,du byed*); 3) conștiința (*rnam par shes pa*); 4) numele și forma (*ming dang gzugs*); 5) Cele 6 surse ale senzației (*skye mched drug*); 6) contactul (*reg pa*); 7) senzația (*tshor ba*); 8) pofta (*sred pa*); 9) agățarea (*nye bar len pa*); 10) devenirea (*srid pa*); 11) nașterea (*skye ba*); 12) decăderea și moartea (*rga zhi*).

Reginele regelui Trisong Deutsen au construit și temple lângă Samye. Regina Changchub Dron a construit Templul Frumuseții Abundente, în timp ce Regina Margyen din Tsepang a construit Templul de Cupru al celor Trei Tărâmuri, iar Regina Gyalmo Tsun din Phogyong a supravegheat construcția Templului Auriu al Orfanilor.[28]

Regele știa că, pentru a stabili învățăturile lui Buddha în Tibet, era imperativ necesar să fie tradus în tibetană *Canonul budist*. Cu această viziune pe termen lung, el a selectat și a pregătit tineri tibetani străluciți ca traducători și a invitat cei mai mari maeștri din India ca să predea. Printre acești maeștri au fost eruditul Jinamitra din Kashmir, savantul indian Danashila și mulți alți susținători importanți ai celor Trei Colecții de Scripturi Budiste.[29] Acești erudiți, împreună cu starețul Shantarakshita, maestrul Padmasambhava, traducătorii Vairochana, Kawa Paltsek și Chokro Lui Gyaltsen, sunt responsabili de traducerea în limba tibetană celor mai faimoase sutre și tantre ale lui Buddha, împreună cu comentariile lor. Pentru a testa abilitățile tibetanilor de a respecta preceptele monahale budiste, starețul Shantarakshita a selectat și hitoronisit șapte călugări tibetani. Acești șapte călugări au fost primii tibetani care au susținut monahismul budist și comunitatea budistă din Tibet și sunt considerați baza pentru înflorirea ulterioară a budismului.

Traducătorul Vairochana și discipolul maestrului Padmasambhava, Namkhai Nyingpo, au fost apoi trimiși în India pentru a studia și a primi transmisii. Vairochana a studiat

---

28 Gegye Jema Ling (*dge rgyas bye ma gling*) a fost construit de către Regina Changchub Dron; Khamsum Zangkhang Ling (*khams gsum zangs khang gling*) a fost construit de către Regina Margyen of Tsepang; Putsab Serkhang Ling (*bu tshab gser khang gling*) a fost construit de către Regina Gyalmo Tsun of Phogyong.

29 A se vedea în glosar la „Tripitaka".

Dzogchen sau practica Măreței Perfecțiuni cu Shri Singha, iar Namkhai Nyingpo a primit de la Hungkara învățături despre Vishuddha sau practica divinității Vajra mânioase. Atât Vairochana, cât și Namkhai Nyingpo au devenit înainte de a se întoarce în Tibet maeștri înalt realizați.

La cererea regelui, Maestrul Padmasambhava a prezentat cele Opt Mandale pentru Înfăptuirea Zeităților Mânioase în cimitirul din pădurea de pe terenul schitului Chimpu, deasupra lui Samye.[30] Ulterior, regele împreună cu anturajul său regal au dobândit puteri spirituale excepționale datorită acestei performanțe. În alte ocazii similare, la Kharchu în Lhodrak, Shoto Titro în Drigung și Drakar în Domey, Maestrul Padmasambhava a predat *Tantrele de Neegalat.* În timpul acestor învățături profunde, pe măsură ce Maestrul învârtea Roata Dharmei, cei douăzeci și cinci de discipoli principali ai săi, împreună cu mulțimile care au umplut versanții munților, au atins niveluri înalte de realizare.

---

30 Cele Opt Mandale pentru Înfăptuirea Zeităților Mânioase (*sgrub pa bka'
    brgyad kyi dkyil ,khor*) sunt mandalele celor opt zeități principale mâni-
    oase de meditație (*Skt: heruka*) din clasa tantrelor Mahayoga ale tradiției
    Nyingma. Aceste opt mandale ale zeităților sunt: 1) Corpul lui Man-
    jushri (*,jam dpal sku*); 2) Discursul Lotusului (*pad ma gsung*); 3) Mintea
    Perfectă (*anglași yang dag*); 4) Calitatea Nectarului (*bdud rtsi yon tan*); 5)
    Activitatea Pumnalului Mistic (*phur pa phrin las*); 6) Mama vrăjitoare
    (*ma mo rbod gtong*); 7) Mantra Blestemului Feroce (*dmod pa drag sngags*); 8)
    Laudă mundană (*,jig rten mchod stod*).

Regele, Abatele și Maestrul împreună cu traducătorii Kawa Paltsek, Chokro Lui Gyaltsen și Zhang Yeshe De, au fost strămoșii budismului în Țara Zăpezilor. Traducând și punând la dispoziție cuvintele lui Buddha și comentariile lor indiene, ei au învins forțele negative care împiedicaseră învățăturile să prindă rădăcini în Tibet. Traducerile lor ale sutrelor, tantrelor și textelor explicative alcătuiesc Tradiția traducerii timpurii, cunoscută și sub numele de tradiția Nyingma.

Tradiția Nyingma târzie

Tradiția Nyingma constă dintr-o linie extinsă de transmisii orale secvențiale de la Buddha, care au fost traduse în timpul perioadei traducerii timpurii, o linie directă de texte prețioase relevate și un ciclu profund de viziuni pure. Aceste trei cicluri de învățături cuprind integral scripturile Nyingma și instrucțiunile lor de îndrumare. Fundamentele textuale pentru aceste cicluri antice de învățături sunt transmisiile orale ale *Rezumatului Înțelesului Sutrelor, Tantra Guhyagarbha Mayajala* și cele optsprezece *Tantre Dzogchen*.[31]

Transmisiile orale ale acestor cicluri au fost primite de Jnana Kumara din Nyag de la Padmasambhava, Vimalamitra, Vairochana și Yudra Nyingpo. În secolul al IX–lea, Nubchen Sangye Yeshe și apoi mai târziu Zur Shakya Jungnay au primit transmisiile orale complete ale Tradiției traducerii timpurii și, prin compozițiile lor, au făcut cunoscute învățăturile acestor trei linii de transmisie principale în Tibet.[32] Odată cu apariția în secolul al XI–lea a

---

31 Titlul tibetan: *mdo sgyu sems gsum.*

32 Cele trei linii principale de transmisie ale tradiției Nyingma sau Tradiția traducerii timpurii (snga ,gyur) (*snga ,gyur*) sunt: 1) linia de descendență secvențială a cuvintelor lui Buddha (*ring brgyud bka' ma*); 2) linia de des-

traducătorului Rongzom Chokyi Zangpo (1012–1088) și a iluminatului Longchen Rabjam Drimed Odzer (1308–1363) din secolul al XIV-lea, linia de descendență secvențială a învățăturilor secrete Vajrayana ale Nyingma a atins un nou apogeu.

În anul 1159, Kadampa Deshek Sherab Senge (1122–1192) a fondat marele sediu vajra al Mănăstirii Kathok din Tibetul de Est; în 1632, deținătorul conștientizării Dzogchen Ngaki Wangpo (1580-1639) a fondat Mănăstirea Jangter sau Thubten Dorje Drak în Tibetul Central; în anul 1665, marele Rigdzin Kunzang Sherab a fondat Mănăstirea Palyul în Tibetul de Est; în anul 1675, marele revelator de comori Terdak Lingpa (1646–1714) a fondat Mănăstirea Mindro Ling în Tibetul Central; în anul 1684, marele maestru realizat Dzogchen Padma Rigdzin (1625–1697) a fondat Mănăstirea Dzogchen în Tibetul de Est; iar în anul 1734, a doua emanație a lui Shechen Rabjam, Shechen Gyaltsen Pema Namgyal a fondat Mănăstirea Shechen în Tibetul de Est. Aceste sedii monahale servesc drept surse ale marele râu al tradiției Nyingma. Împreună, ele reprezintă măreția Tradiției traducerilor timpurii și modul în care aceste învățături și practici s-au răspândit în Tibet.

În particular, linia de descendență secvențială a Nyingma a renăscut odată cu sosirea măreței personalități a secolului al XIX–lea Jamgon Mipham Rinpoche. Captând prin scrierile sale atât intenția lui Rongzom Chokyi Zangpo, cât și a lui Longchen Rabjam, Mipham Rinpoche a constatat absența opiniilor pervertite. Astăzi, lucrările sale constituie nucleul curriculumului școlar Nyingma și sunt considerate autorizate pentru învățarea atât a sistemelor filosofice budiste, cât și a celor non-budiste.

---

cendență directă a textelor de comori revelate (*nye brgyud gter ma*); 3) linia de descendență profundă a viziunilor pure (*zab mo dag snang*).

Viziuni și practici ale tradiției traducerii timpurii

Dzogchen: Marea Perfecțiune

Deși o explorare a viziunilor și practicilor elaborate ale sistemelor filosofice și meditative ale Nyingma depășește scopul acestui capitol, aș dori să ofer o prezentare succintă a unora dintre elementele fundamentale derivate din perioada traducerii timpurii. Pentru început, tradiția comentariilor Nyingma își bazează întreaga evoluție a practicilor pe *Matricea Misterului* sau *Tantra Guhyagarbha* și pe Întruchiparea Sutrelor.[33] In schimb, tradiția comentariilor Sarma se bazează pe practicile tantrice ale perioadei traducerii târzii, care includ cele Șase Yoga, cele Cinci Etape, și Calea și Rezultatul ei.[34] Având în vedere acestea, putem începe să explorăm sistemul distinctiv Dzogchen al Nyingma.

Dzogchen este subdivizat în practicile de Trekcho sau tăierea către puritatea primordială și Thogal, practica de depășire directă către prezența spontană. În timp ce calea Thogal accentuează eliberarea instantanee prin aplicarea efortului, Trekcho îndepărtează fără efort rigiditatea și rezistența, astfel încât să radieze propria natură primordial pură. Împreună, acestea alcătuiesc calea Dzogchen a odihnei libere fără efort și sunt principalele practici ale tradiției Nyingma.

Pentru a continua cu aceste practici ale purității primordiale și ale prezenței spontane și pentru a realiza natura propriei conștiințe,

---

33 Titlul tibetan: *gsang snying dang ,dus mdo.*

34 Titlul tibetan: sbyor drug, rim lnga, lam ,bras. Acestea sunt trei sisteme tantrice ezoterice: Cele Șase Yoga sunt instrucțiuni conform Tantrei Kalachakra; Cele Cinci Etape sunt instrucțiuni din Tantrele Tată; Calea și Rezultatul ei sau Lamdre sunt instrucțiuni din tradiția Sakya.

este necesar să primiți instrucțiuni esențiale de la un profesor calificat. Ceea ce este cunoscut sub numele de „Dzogchen" sau „Marea Perfecțiune" este propria natură nelimitată. Aceasta este conștientizarea goală, vidă, înnăscută, perfecțiunea absolută a realității fenomenelor care cuprinde vasta întindere a samsarei și a nirvanei. Deoarece natura propriei conștientizări este necreată și nu este fabricată în niciun fel, ea poate rămâne liberă și relaxată în starea sa naturală. Practica recunoașterii prezenței sau absenței mișcărilor discursive ale minții, fără a suprima sau apăra, accepta sau respinge, este practica de a susține conștientizarea goală, vidă, calea minunată din Dzogchen.

În timp ce calea neobișnuită Dzogchen constă în acumularea de înțelepciune, calea obișnuită constă în practicarea forțelor aliate ale bunătății iubitoare și compasiunii. Mai mult, fructificarea meditației Dzogchen este indicată de semne de succes care se manifestă de la sine și care apar prin acumularea atât a meritului, cât și a înțelepciunii. În mod similar, practica prin care se susțin aceste două acumulări culminează cu patru viziuni: 1) actualizarea naturii ultime a realității; 2) îmbogățirea experiențelor meditative; 3) atingerea expresiei depline a conștientizării; 4) epuizarea naturii supreme a realității.[35] Pe lângă aceste patru viziuni, mai există cele patru niveluri ale unui deținător de înțelepciune care în cele din urmă reprezintă realizarea expansiunii universale de bază a fenomenelor, indivizibilitatea samsarei și a nirvanei.[36] Rezultatul final al

---

35 Cele patru viziuni (*snang bzhi*) ale practicii Dzogchen sunt: 1) actualizarea naturii ultime a realității (*chos nyid mgnon sum*); 2) îmbogățirea experiențelor meditative (*nyams gong ,phel*); 3) ajungerea la expresia deplină a conștientizării (*rig pa tshad phebs*); 4) epuizarea naturii ultime a realității (*chos nyid zad pa*).

36 Cele patru niveluri ale unui deținător de conștientizare sau Vidyadhara (*rig ,dzin rnam pa bzhi go ,phang*) sunt: 1) deținătorul înțelept al înțelep-

acestei practici este descoperirea regatului lui Samantabhadra, Buddha original.

Trăsături distinctive ale practicii Nyingma

Cineva se poate întreba care sunt trăsăturile distinctive ale abordării neobișnuite a tradiției Nyingma. În general, toate tradițiile budismului tibetan păstrează practici specifice și diverse instrucțiuni de ghidare atât din perspectiva sutrelor, cât și din perspectiva tantrelor. De exemplu, practicile secrete Vajrayana ale Sarma sau Tradiția traducerii târzii accentuează slăbirea nodurilor și legăturilor canalelor interioare, ale vânturilor și esențelor. Aceste practici implică proceduri yoghine extrem de subtile și delicate de comunicare cu zeitățile tantrice prin gesturi ale mâinilor și ale corpului. În sistemul Nyingma Dzogchen, dacă un practicant știe să se odihnească perfect fără efort, atunci nu este necesar să dezlege în mod deliberat canalele, vânturile și esențele. Această capacitate de a atinge realizarea și de a traversa nivelurile unui deținător de conștientizare fără a efectua gesturi precise cu mâinile și corpul este o trăsătură distinctivă a meditației Dzogchen.

Numai dacă un practicant se bazează pe o cale tantrică care implică tehnici de slăbire a nodurilor interioare din canale, vânturi și esențe, este nevoie să fie ghidat de înțelepciunea marii beatitudini care apare prin bazarea pe o consoartă reală a înțelepciunii feminine, sau pe gesturi simbolice specifice ale mâinii și corpului. Un yoghin Dzogchen autentic nu are nevoie să se bazeze pe o consoartă fizică a înțelepciunii sau pe efectuarea

ciunii mature (*rnam smin rig ,dzin*); 2) deținătorul înțelept al vieții (*tshe bang rig ,dzin*); 3) deținătorul înțelepciunii peceții simbolice (*phyag chen rig ,dzin*); 4) deținătorul înțelepciunii prezenței spontane (*lhun grub*).

unor gesturi simbolice, deoarece calea Dzogchen este, în cele din urmă, fără efort. Cu toate acestea, tradițiile budiste tibetane tantrice, altele decât Nyingma, se bazează pe consoarte fizice ale înțelepciunii sau pe gesturi simbolice pentru a atinge rapid vârful realizării. Aceasta înseamnă că Nyingma a considerat consoarta fizică a înțelepciunii și gesturile simbolice ca fiind inutile, în timp ce tradițiile Sarma le-au considerat esențiale. Cu toate acestea, în zilele noastre, este permis și chiar considerat necesar ca practicanții atât ai tradiției Sarma, cât și ai tradiției Nyingma să aibă o consoartă fizică a înțelepciunii. Acest factor profund distinge abordarea tantrică neobișnuită a Nyingma de cele ale tradițiilor Sarma. Din acest motiv, tehnicile de pătrundere în punctele vitale ale canalelor, vântului și esențelor sunt foarte importante.

Nyingma și Sarma

În anul 901, regele tibetan Darma a început o persecuție îndelungată a budismului, iar comunitățile monahale budiste din Tibetul Central au fost distruse și au dispărut. Apoi, în anul 973, rămășițele vechii tradiții Nyingma au fost reînviate în regiunile sudice ale Tibetului de Est. În cele din urmă, budismul a început să se răspândească din nou în Tibetul Central. Această reaprindere a budismului tibetan este ceea ce este desemnat ca perioada propagării și răspândirii ulterioare. După această perioadă de restaurare, mari autori ai tradiției Nyingma precum Rongzom Chokyi Zangpo, și traducători precum Rinchen Zangpo (957–1055), Ngog Loden Sherab (1059–1109) și Drogmi Lotsawa (993–1050) au reînviat budismul în Tibet. Traducerile și compozițiile diferitelor cicluri de tantre, comentarii, manuale de meditație și texte de instrucțiuni de îndrumare din această perioadă formează ceea ce este cunoscut sub numele de „Sarma" sau Tradiţiile noii traduceri.

În trecut, budismul tibetan avea opt Mărețe Vehicule ale liniilor de practică.[37] Totuşi, în prezent, instrucţiunile generale ale unora dintre aceste linii, precum Kadam şi Zhije, nu au fost păstrate şi nu mai sunt continuate, în timp ce altele au fost asimilate în tradiţii vii. Liniile rămase din tradiţiile Sarma sunt Sakya, Kagyu, Jonang şi Geluk.

Transmisiile liniei de descendenţă a deţinătorilor conştientizării sunt
nectarul inimii lui Padmasambhava,
Aceste sublime instrucţiuni eliberează corpul grosier
în corpul de lumină!
Prin marele secret al celor şase transmisii Nyingma,
Lumea divină a gheţarilor albi este înfrumuseţată!

---

37 Aceste Opt Mărețe Vehicule de Liniilor de Practică sau opt tradiţii independente ale budismului care au înflorit în Tibet sunt: 1) Nyingma; 2) Kadam; 3) Marpa Kagyu; 4) Shangpa Kagyu; 5) Sakya; 6) Jordruk sau Şase Yoga; 7) Nyendrub; 8) Zhije şi Chod.

CAPITOLUL V
TRADIȚIA SAKYA

ISTORIA TRADIȚIEI SAKYA

Întemeierea Mănăstirii Sakya

Choje Drakpa Gyaltsen a scris despre Sakya,

> Pământul alb este ca fața unui leu,
> Glorioasa Sakya este trupul acestui leu.
> Unde sunt împlinite dorințele celor șase tărâmuri
> Este locul în care locuiește Vajradhara.

Într-o zi, în timp ce venerabilul Tivamkara se plimba pe marginea drumului în Tibet, a văzut doi iaci sălbatici pe Muntele Ponpori și a prezis că în viitor acești iaci vor deveni doi protectori Mahakala care vor efectua activități iluminate fantastice. Apoi s-a prosternat și a făcut ofrande pentru îmbogățirea Pământului alb în acea zonă. Observând o silabă „Hri", șapte silabe „Dhi" și o silabă „Hum" gravate pe versantul muntelui, Tivamkara a profețit că o manifestare a lui Avalokiteshvara, șapte manifestări ale lui Manjushri și o manifestare a lui Vajrapani vor apărea în această zonă pentru a aduce beneficii enorme ființelor.

A existat un deținător al liniei de descendență a tradiției tantrice secrete Nyingma pe nume Khon Shakya Lodro, care avea doi fii precum soarele și luna. Fiul mai mare era Sherab Tsultrim, iar fiul mai mic era Khon Konchok Gyalpo (1034-1102). În timp ce Khon Konchok Gyalpo privea un spectacol de dans în Drolung, a avut o viziune cu diferitele măști ale celor douăzeci și opt de zeițe Shvara. Deoarece era considerat nepotrivit să se dezvăluie tradiția tantrică secretă Nyingma, el a fost sfătuit să studieze tantrele Sarma sau Traducerile târzii. A studiat diferitele clase ale noilor tantre cu Drogmi Lotsawa și Gokhukpa Lhatse și a devenit un maestru foarte învățat și realizat. Apoi, în anul 1073, la vârsta de patruzeci de ani, pe un versant de munte cunoscut sub numele de „Labonpo" care seamănă cu un elefant adormit, cu Pământ alb în formă de față de leu pe umărul drept, Khon Konchok Gyalpo a construit marea mănăstire Sakya. De la înființarea acestei mănăstiri, deținătorii liniei de descendență și practicanții din acel loc s-au referit la tradiția lor ca „Sakya", ceea ce însemnă literalmente „Pământ Alb".

Linia de descendență a maeștrilor Sakya

La vârsta de cincizeci și nouă de ani, Khon Konchok Gyalpo a avut o a doua soție care l-a născut pe fiul său Sachen Kunga Nyingpo (1092–1158). După ce a murit Khon Konchok Gyaltsen, deoarece fiul său era prea tânăr pentru a moșteni linia de descendență a familiei, Lotsawa Rinchen Drag a preluat conducerea Sakya timp de nouă ani. În tinerețe, Jetsun Kunga Nyingpo poseda calități neobișnuite pentru un copil și era adorat de toată lumea. El a primit multe învățături de la tatăl său când acesta încă era în viață, și instrucțiuni de îndrumare cu privire la practica Despărțirii de cele Patru Atașamente de la o viziune a lui Manjushri, în timp ce medita într-o retragere de șase luni. Aceste instrucțiuni i-au permis să înțeleagă brusc toate punctele esențiale de-a lungul căii Înțelepciunii Transcendente sau vehiculul Prajnaparamita. În cele din urmă, el a devenit al treilea succesor al Mănăstirii Sakya și a fost renumit drept unul dintre marii maeștri ai liniei Sakya.

Kunga Nyingpo a atins un nivel înalt de realizare de-a lungul căilor și etapelor dezvoltării spirituale și a lăsat o impresie profundă asupra tradiției Sakya târzii. El a avut trei fii, cel mai mare fiind Sonam Tsemo (1142–1182), apoi Drakpa Gyaltsen (1147–1216) și Palchen Odpo (n. 1150). Fiul cel mai mic al lui Kunga Nyingpo, Palchen Odpo, a avut doi fii, cel mai mare fiind Pandita Sakya Kunga Gyaltsen (1182–1251), care a fost primul pandita tibetan celebru.

Pandita Sakya a excelat în studiile sale despre tradițiile scripturale vaste asemenea oceanelor, precum și despre sistemele filosofice budiste și non-budiste, iar la vârsta de douăzeci și șapte de ani a fost hirotonit de către Pandita Shakya Shri din Kashmir la Templul Nyangtod Gyangon. Și-a petrecut viața răspândind învățăturile lui Buddha nu numai în Tibet, ci și în Mongolia. Fiind unul dintre cei mai mari eruditi ai Tibetului, el este cunoscut pentru că a menținut învățăturile budiste și pentru că a învins în dezbateri extremiștii hinduși care susțineau credința într-un zeu creator atotputernic. Deși a compus multe lucrări, printre cele mai faimoase se numără *Comoara științei epistemologiei, Clasificarea celor trei jurăminte* și *Tezaurul prețios al explicațiilor elocvente.*[38] Având în vedere numeroasele sale realizări, cea mai bună contribuţie adusă de Pandita Sakya a fost dezvoltarea unei noi tradiţii pentru explicarea ştiinţelor budiste clasice.

Palchen Odpo a avut apoi un fiu numit Zangtsha Sonam Gyaltsen (născut în 1235). Din momentul în care s-a născut, Zangtsha Sonam Gyaltsen a fost considerat un mare protector al fiinţelor şi cineva care va susţine învăţăturile sublime ale iluminării. El a primit şi a învăţat tradiţiile scripturale atât ale sutrelor cât şi ale tantrelor de la unchiul său Pandita Sakya şi a continuat să dobândească puteri magice supreme. A răspândit, de asemenea, învăţăturile lui Buddha în întreaga Mongolie şi a primit de la împărat titlul de „Tishri" sau „Maestru Imperial". În timp ce se afla în palatul împăratului din Mongolia, Zangtsha Sonam Gyaltsen a conferit tripla Împuternicire Vajra. Prima împuternicire l-a încântat atât de mult pe împărat încât i-a acordat puterea asupra celor treisprezece deţinători de tron din Tibet, care sunt în regiunile superioare din sud şi din nord, Gurmo, Chumig, Shangs, Zhwalude, asupra celor şase deţinători ai tronului din Tsang, Gyama, Drikung, Tsalwa, Tangspoche, Phagmodru, Yazangde şi asupra celor şase deţinători de tron din U şi din regiunile nomadice superioare din Taklung. Pentru a doua împuternicire, împăratul i-a dat putere asupra celor trei provincii ale Tibetului, iar pentru a treia împuternicire, i-a acordat puterea asupra regiunilor colonizate din China. De atunci, succesorii Sakya au moştenit atât puterea politică, cât şi pe cea spirituală din Tibet.

Cei cinci strămoşi ai tradiţiei Sakya sunt Sachen Kunga Nyingpo, Sonam Tsemo, Dragpa Gyaltsen, Sakya Pandita şi Chogyal Phakpa (1235–1280). Dintre aceştia cinci, Sachen

---

38 Titlurile tibetane: *tshad ma rigs gter; sdom gsum rab dbye; legs par bshad pa rin po che'i gter.*

Kunga Nyingpo, Sonam Tsemo și Dragpa Gyaltsen erau toți laici, așa că sunt numiți „cei trei albi", în timp ce atât Pandita Sakya și Chogyal Phakpa au fost hirotoniți călugări, deci sunt numiți „cei doi roșii". Inițial Khon Konchok Gyalpo a fondat Mănăstirea Sakya, Kunga Nyingpo a stabilit tradiția, Sonam Tsemo și Drakpa Gyaltsen au dezvoltat și răspândit tradiția, iar atât Sakya Pandita, cât și nepotul său Zangtsha Sonam Gyaltsen, au câștigat autoritatea politică și spirituală a tradiției.

Tradiția Sakya a avut mulți mari maeștri, printre care Kunkhyen Gorampa Sonam Senge (1429–1489), Rongton Sheja Kunrig (1367–1449), Yaktruk Senge Pal, Remdawa Shonu Lodro, Chim Jamyang, Tsonang Sherab Zangpo, precum și mulți alții. Acești erudiți și adepți realizați sunt comparabili cu marii maeștri budiști ai Indiei, precum cei numiți Șase Ornamente și Cei Doi Excelenți, și toți au contribuit foarte mult la înflorirea învățăturilor lui Buddha în toate direcțiile.

VIZIUNI ȘI PRACTICI ALE TRADIȚIEI SAKYA

Abordarea Lamdre Sutra

La început, Jamgon Sakya Pandita și Rongton Sheja Kunrig au susținut în principal viziunea filozofică Svatantrika Madhyamaka. Cu toate acestea, Jetsun Remdawa Shonu Lodro a susținut poziția viziunii Prasangika Madhyamaka. În zilele noastre, mulți maeștri Sakya atunci când explică poziția filozofică Lamdre sau Calea și Rezultatul, sunt de acord că viziunea este pur și simplu lipsită de fabricații.

Prima fază a practicării căii constă în a învăţa cum să inversezi şi să te abţii de la non-virtuţi, înţelegând cât de dificil este să găseşti libertăţile şi oportunităţile unei vieţi umane preţioase, recunoscând infailibilitatea cauzei şi efectului, cunoscând defectele samsarei şi cultivând bunătatea iubitoare şi compasiunea. Următoarea fază constă în depăşirea credinţei într-un sine durabil. Pentru aceasta, practicantul identifică modul în care mintea se fixează pe cei cinci constituenţi ai unui individ şi îi consideră pe aceştia ca fiind cu adevărat existenţi. De exemplu, dacă constituenţii unei persoane autonome ar fi în mod inerent reali, atunci aceşti constituenţi diferiţi ar putea exista fără a depinde de cauze sau condiţii. Deoarece este uşor de înţeles că mintea şi corpul unui individ sunt compuse din diverse influenţe şi factori şi deoarece acestea sunt create din cauze şi condiţii, este posibil să înţelegem cum acestea nu au o existenţă intrinsecă.

În acest fel, un practicant meditează din nou şi din nou pentru a stabili cum cei cinci constituenţi ai unui individ apar din cauze şi condiţii şi cum, prin urmare, persoanei individuale îi lipseşte existenţa intrinsecă sau reală. Recunoscând modul în care tuturor fenomenelor le lipseşte existenţa adevărată, el ajunge la o înţelegere a naturii sublime a realităţii fenomenale. Această lipsă ultimă a existenţei adevărate este starea naturală de vacuitate a minţii. Este dizolvarea născocirilor gândirii. Indiferent de credinţele despre cum există sau nu lucrurile, cum sunt sau nu sunt lucrurile, indiferent de gândurile discursive care ar putea apărea, deoarece nu există nici o referinţă sau suport, nu există trăsături distinctive sau fabricaţii ale minţii pe care să te poţi fixa. Acesta este modul în care un practicant progresează pe calea meditaţiei, conform abordării învăţăturilor sutrei.

Abordarea Lamdre tantrică

Explicarea pe scurt a căii meditației Lamdre din perspectiva tantrei: un practicant va căuta inițial, în mod repetat, aspectele interne ale dispozițiilor și capacităților minții sale. Apoi, dacă examinează temeinic, nu se va găsi nimic. Acest lucru se datorează faptului că conștientizarea luminoasă a minții este pur și simplu mișcare, înțelegere, claritate și inteligență. A vedea acest aspect unic al minții este cunoscut drept perceperea naturii goale a minții. Când experimentează vacuitatea minții, un practicant se uită direct la natura goală a minții, care nu este o stare de nimic sau vid, ci este mai degrabă claritate goală și conștientizare. Recunoașterea modului în care atât claritatea, cât și vacuitatea se unesc și se amestecă inseparabil în natura luminoasă a conștientizării este numită „introducere comună".

Introducerea neobișnuită este recunoașterea propriei conștientizări imaculate, autentice. Aceasta nu este conștientizarea obișnuită a cuiva sau pur și simplu percepțiile iluzorii ale minții, ci este mai degrabă o recunoaștere a fuziunii non-înșelătoare a vacuității și luminozității minții la momentul bazei sale. În sutre și tantre, aceasta este denumită „purificarea completă a minții", „natura de Budha", „luminozitatea naturală a minții", „mintea adamantină", „continuumul întregului fundament" sau „baza universală a conștientizării." Deși ființele au fost asociate intim cu calitatea non-iluzorie a minții lor încă din timpuri fără de început, ele nu au recunoscut aceasta. Printr-o introducere, se recunoaște fuziunea conștientizării cu vacuitatea luminoasă înnăscută. Această experiență de odihnă în echilibru, liberă de fixații sau orice altceva asupra căruia să se fixeze, este cunoscută drept „calea inseparabilității samsarei și nirvanei".

În consecință, există trei puncte esențiale pentru dobândirea acestei perspective. Primul este de a stabili cum sunt construite aparițiile și referințele minții și de a stabili prin scripturi și raționament modul în care ignoranța minții creează fiecare aparență a fenomenelor externe. Următorul este să constatăm, prin exemple și postulații logice, cum orice apariție a fenomenelor externe nu poate fi stabilită ca existență cu adevărat și cum natura internă a minții este goală, meditând asupra naturii vacuității. În cele din urmă, al treilea punct constă în stabilirea felului în care existența este produsă datorită ideilor pervertite despre o realitate ca existând cu adevărat. Acest lucru duce la realizarea modului în care atât celui care fixează cât și obiectelor fixării le lipsește existența intrinsecă, și a modului în care conștientizarea apare prin interdependența tuturor fenomenelor condiționate.

Ceea ce este condiționat este lipsit de existență adevărată sau intrinsecă. La fel, trebuie să lipsească existența intrinsecă la ceea ce este necondiționat. Deoarece nu există nimic care să nu fie dependent de condiționat și din moment ce nu există nici măcar o fațetă a necondiționatului care să nu fie dependentă de condiționat, atât condiționatul, cât și necondiționatul sunt imputații asupra vacuității. Se spune că aceasta este conștientizarea interconectivității, viziunea asupra modului în care samsara și nirvana sunt inseparabile și libere de cele două extreme.[39] Recunoașterea infailibilă a realității în acest fel este inexprimabilă, deoarece această rezoluție finală a viziunii este dincolo de gândire.

Aceasta este o scurtă explicație a vederii și practicii neobișnuite a tradiției Sakya. Având în vedere acest lucru, este important să știm că nu există nici cea mai mică diferență

---

39 Cele două extreme (*mtha' gnyis*) sunt extremismul absolutismului (*rtag mtha'*) sau concepția că lucrurile există cu adevărat și extremismul nihilismului (*chad mtha'*) sau concepția că nimic nu există cu adevărat.

între practicile de renunțare și generare a minții trezirii între diferitele tradiții budiste tibetane, așa cum nu există nicio diferență în fructul lor final.

Privirea vajra a scripturilor și a raționamentului
Aceasta este ceea ce distruge munții stâncoși ai vederilor pervertite!
Glorioasa Sakya a pus mâna pe sigiliul care semnifică
învățăturile lui Buddha,
Și pe decretul tradițiilor spirituale și temporale din
ținutul răcoros al Tibetului

CAPITOLUL VI
TRADIȚIA KAGYU

Istoria tradiției Kagyu

Marpa, Milarepa și Gampopa

Marpa Lotsawa, Jetsun Milarepa și Dakpo Gampopa sunt cunoscuți ca cei trei strămoși spirituali ai tradiției Kagyu. Dakpo Rinpoche, cunoscut și sub numele de Gampopa (1079–1153), a primit mai întâi instrucțiuni de ghidare orală din tradiția Kadampa direct de la maestrul său Jetsun Milarepa (1040–1123), iar mai târziu a primit transmiterea învățăturilor Mahamudra sau Sigiliul Simbolic. Numele liniei de descendență care a susținut instrucțiunile practice de ghidare care combină aceste învățături Kadampa cu meditația Mahamudra a devenit cunoscut drept tradiția Kagyu. Deși instrucțiunile tradiției Kagyu sunt urmărite până la traducătorul tibetan Marpa

Chokyi Lodro (1012–97), numele actual al tradiţiei provine din timpul lui Dakpo Lhaje Gampopa

Marpa Lotsawa s-a născut în anul 1012 în regiunea Lhodrak din sudul Tibetului. În copilărie, Marpa a studiat sanscrita cu Drogmi Lotsawa (993–1050), iar mai târziu a călătorit în India de trei ori pentru a se întâlni cu erudiţi şi maeştri realizaţi şi pentru a studia cu învăţători precum Pandita Jnana Akarala din Kashmir. În special, a studiat şi l-a încântat pe maestrul său, marele siddha Naropa în trei moduri.[40] Precum un vas umplut până la refuz, Marpa a ajuns să fie plin de învăţăturile pe care le-a primit de la Naropa. S-a profeţit că el va ridica steagul victoriei şi va stabili o tradiţie în nordul Tibetului.

În Oraşul Împodobit cu Flori, în timp ce acorda împuternicirea Hevajra, marele yoghin Naropa a manifestat adevărata mandala Hevajra a zeităţilor şi l-a întrebat pe fiul său spiritual Marpa de la cine ar dori să primească împuternicirea, de la zeitate sau de la învăţătorul său de rădăcină? Marpa s-a gândit că ar dori să primească împuternicirea mai întâi de la zeitate, iar mai târziu de la învăţătorul său, aşa că a cerut ca zeitatea să realizeze împuternicirea. Naropa a micşorat apoi mandala în centrul inimii sale şi i-a spus discipolului său Marpa că nimeni nu este mai important pentru cineva decât învăţătorul său de rădăcină, deoarece învăţătorul este sursa tuturor binecuvântărilor.

În timp ce-i acorda împuternicirea Hevajra, Naropa i-a spus lui Marpa că linia sa de descendenţă prin succesori spirituali va dura mult şi va avea mulţi urmaşi măreţi, în timp ce descendenţa familiei sale se va stinge în curând. Deşi Marpa a avut un fiu pe nume Dharma Dodey, care a murit la o vârstă fragedă, tradiţia Kagyu continuă şi astăzi. Cei patru fii principali ai inimii lui

---

40 Cele trei moduri de a-ţi încânta (*mnyes pa gsum*) învăţătorul spiritual sunt: 1) prin practica spirituală; 2) prin slujirea profesorului; 3) prin oferirea de lucruri materiale.

Marpa Chokyi Lodro au fost Ngogton Chokyi Dorje din Zhung, Tsulton Wangnge din Dol, Meton Tsonpo din Tsangrong și Milarepa din Gungthang. După cum profețise Naropa, Marpa a avut un fiu ca soarele numit Jetsun Milarepa, un fiu ca luna pe nume Rechung Dorje Drakpa (1083–1161) și fii ca stelele precum Ngan Dzongtonpa și Changchub Gyalpo.

Jetsun Milarepa s-a născut în anul 1040 în Tsangskya Ngatsa. Când era copil, tatăl său a murit și a fost încredințat unchiului și mătușii sale, din cauza cărora s-a confruntat cu greutăți imense. Mai târziu, mama lui l-a trimis să studieze magia neagră cu vrăjitorii Tsangrong Ngar și Nubs Khulung, iar după ce i-a învins pe dușmanii personali ai mamei sale, el și-a întâlnit învățătorul, pe Marpa. Pentru a-i purifica întunecările, Marpa i-a cerut lui Milarepa să îndeplinească nenumărate sarcini dificile, precum transportul pietrelor pe spate pe distanțe lungi și să construiască și apoi să demoleze turnuri. Milarepa a îndeplinit aceste sarcini și a reușit să înțeleagă perfect instrucțiunile lui Marpa. Mai târziu, Milarepa a rătăcit prin Tibet pentru a răspândi învățăturile pe care le asimilase și, în timpul vieții, a reușit să realizeze starea unificată de Vajradhara.

Dakpo Lhaje Gampopa s-a născut în anul 1079. De tânăr a studiat tradiția scripturală budistă și a devenit un expert în știința medicinei. S-a căsătorit, iar când soția sa a murit la o vârstă fragedă, Gampopa a decis să renunțe la viața lumească și să devină călugăr. După ce și-a luat jurămintele monahale de la Loden Sherab, el a fost impresionat auzind de reputația lui Milarepa și, în timp ce creștea în el o devoțiune nemăsurată, Gampopa a început să-l caute pe acest faimos yoghin. Primind de la Milarepa instrucțiunile complete de ghidare ale liniei de descendență orală, în Gampopa au apărut experiențe și realizări excepționale. După cum a profețit Milarepa, Gampopa a continuat să locuiască la Mănăstirea Darji Riwo, unde a compus multe tratate și a îndeplinit activități iluminate care au contribuit foarte mult la înflorirea budismului în Tibet.

Mănăstiri și sub-linii de descendență

Mănăstirea lui Marpa se află în valea Trowo din Lhodrak. Discipolul lui Marpa, Lama Ngakpa, și Dakpo Gampopa au fondat primele mănăstiri Kagyu. Unul dintre cei trei discipoli principali ai lui Gampopa, Phagmo Drupa Dorje Gyalpo (1110–1170) a înființat Mănăstirea Dhensa Thil din Lhoka, în sudul Tibetului.[41] La vârsta de optzeci de ani, primul Karmapa, Dusum Khyenpa (1110–1193) a înființat Mănăstirea Tsurphu în valea Tolung din Tibetul Central, care continuă să fie principalul sediu monahal din Tibet al lui Karmapa.

Pe lângă aceste complexe monahale, tradiția Kagyu este subdivizată în funcție de diferite linii de descendență. Discipolul principal al lui Dakpo Gampopa, Dusum Khyenpa a fost primul din linia Karmapa de reîncarnări succesive. Discipolii lui Gampopa, Phagmo Drupa, Barom Darma Wangchuk și Zhang Droway Gonpo Yudragpa care a fost discipolul lui Gompa Tsultrim Nyingpo (discipol al lui Gampopa), au inițiat fiecare propriile sub-linii majore ale Kagyu, cunoscute sub numele de Cele Patru Mari Linii Kagyu. Taklung Tangpa Tashi Pal (1142-1210), Ling Repa Padma Dorje (1128–88), Trophu Gyaltshab Rinpoche, Zara Kaldan Yeshe Senge, Marwa Drubthob Sherab Yeshe, Yerwa Drubthob Yeshe Tsegpa și Nyamed Gyergom Chenpo au înființat cele opt sub-linii minore din Kagyu. Marele învățat și realizat Khyungpo Naljor (1002–64) a călătorit în India, unde a primit semne și viziuni ale zeităților tantrice, împreună cu

41 Nota lui Jamphal Lodro: „Despre Phagmo Drupa se cunoaște că a câștigat atât autoritate seculară cât și spirituală în Tibet."

instrucțiuni de îndrumare despre cele Șase Yoga ale lui Naropa. Mai târziu, el a construit o mănăstire în districtul Yeru, iar linia sa de descendență, numită Shangpa Kagyu, s-a răspândit în tot Tibetul. Atât Shangpa Kagyu, cât și Marpa Kagyu sunt cele două mari linii de transmisie ale tradiției Kagyu.

VIZIUNI ȘI PRACTICI ALE TRADIȚIEI KAGYU

Viziunea Mahamudra

În general, nu există diferențe majore între viziunile și practicile diferitelor linii ale tradiției Kagyu. Cu toate acestea, au existat cazuri în care sistemele filosofice individuale au fost stabilite prin procese imparțiale de respingere a poziției altuia, stabilirea propriei poziții și răspunsul la criticile aduse propriei poziții. Acest lucru a condus la articularea unor puncte de vedere distincte în cadrul tradiției Kagyu. Însă, aceste respingeri, stabiliri și răspunsuri nu au creat diviziuni sectare severe și chiar cuvintele părtinitoare compuse de poeții și erudiții tradiției sună ca expresii elocvente ale naturii realității.

De fapt, în timpul meditației, nu există diferențe majore între sistemele filozofice susținute de fiecare dintre cele cinci tradiții budiste tibetane diferite. Deși este într-adevăr așa, liniile extinse ale acestor tradiții au stabilit moduri ușor diferite de a se articula. De exemplu, viziunea lui Marpa și Milarepa, care servește drept sursă pentru linia de descendență Dakpo Kagyu dezvoltată în India, este cunoscută sub numele de Prasangika Madhyamaka sau Consecința Căii de Mijloc. Calitățile și profunzimea acestei viziuni au fost observate clar de yoghinul Maitripa în timp ce reflecta asupra semnificației realității. Această viziune a fost apoi moștenită de Marpa și discipolul său Milarepa, ale căror cântece de realizare sunt armonizate cu această viziune Prasangika.

Viziunea tradiției sutrei este realizarea vacuității în conformitate cu abordarea vehiculului Prajnaparamita sau Înțelepciunea Transcendentă și este denumită „Mahamudra" sau „Sigiliul Simbolic". Scrierile lui Milarepa, Gampopa, Drikung Kyobpa (născut în 1770), Ling Repa, Karmapa Dusum Sangye și ale multor altora concordă cu ea, în timp ce alții, precum al treilea Karmapa Rangjung Dorje (1284–1339) au afirmat viziunea sutra *zhentong* sau vacuitatea extrinsecă. În special, al 8-lea Karmapa Mikyo Dorje (1507–54) a subliniat viziunea *zhentong* și a elaborat-o în scrierile sale. Deoarece atât de mulți din linia succesivă de reîncarnări Karmapa au susținut viziunea filozofică *zhentong,* tradiția Kagyu este considerată ca fiind deosebit de pricepută în articularea *zhentong.* Deși nuanțe subtile asupra anumitor puncte cruciale și distincții de perspectivă au fost menținute de mulți dintre maeștrii Kagyu, este dificil de susținut că perspectiva sutrei din tradiția Kagyu nu este în acord cu viziunea *zhentong.*

Meditația Mahamudra

De asemenea, este potrivit să spunem că punctul de vedere al abordării secrete tantrice din tradiția Kagyu este Mahamudra. În zilele noastre, deși mulți maeștri Kagyu predau viziunea *zhentong* din perspectiva sutrei, de fapt nu există nici un conflict între viziunea *zhentong* și viziunea secretă tantrică Mahamudra. Foarte simplu, meditația Mahamudra este definită ca fiind procesul în care este generată conștientizarea pură a beatitudinii luminoase, iar vânturile vitale intră, circulă în interior și se dizolvă în canalul central. Aceasta este cea mai esențială practică interioară a tuturor secțiunilor de yoga tantra inegalabile.

Pentru a medita exact în acest fel, un practicant trebuie mai întâi să stabilească și să clarifice mintea sa naturală. Odată ce practicantul își odihnește mintea în calmul fixat într-un singur punct, vânturile vitale vor intra, vor circula în interior și se vor dizolva în canalul central. Aceasta va aprinde căldura interioară yoghină, va induce cele patru bucurii și va genera conștientizarea pură a marii beatitudini în mintea naturală[42]. Prin această experiență contemplativă cunoscută sub numele de „Meditația Albă Unică a lui Buddha", vacuitatea și beatitudinea sunt integrate în uniune.

Meditația Mahamudra are câteva diferențe minore în procedura sa inițială. De exemplu, unii practicanți își pot recunoaște propria minte ca fiind internă, externă, venind în existență, rămânând sau disipându-se în timp ce se odihnesc în echilibru. Acest moment de convingere totală în mintea naturală, când nimic nu este perceput ca existând sau neexistând undeva, se spune că este atingerea semnificației Mahamudra. Pe măsură ce un practicant se odihnește profund liniștit în meditație, fără a întrerupe gândurile care trec, fără a permite gândurilor prezente să rămână necontrolate și fără a primi gânduri viitoare, este percepută esența goală a minții. Acest timp de meditație este practica de a descifra profunzimile minții. Pe lângă aceasta, mai există practica cunoscută sub numele de „auto-eliberare simultană" în care practicantul amplifică orice fel de gânduri discursive care apar și, prin familiarizare continuă, consideră natura reală a acestor gânduri discursive ca expresii ale dimensiunii ultime a realității.

---

42 Cele patru bucurii (*dga' ba bzhi*) sunt: 1) Bucuria (*dga' ba*); 2) Bucuria supremă (*mchog dga'*); 3) Bucuria Excepțională (*khyad dga'*); 4) Bucuria Co-emergentă (*lhan skyes kyi dga' ba*).

Maeştrii desăvârşiţi ai tradiţiei Kagyu au produs, de asemenea, un corpus enorm de literatură contemplativă bazată pe tantre şi practicile primare ale Mahamudra. Această literatură include lucrări pe teme precum *Cele şase cicluri ale gustului unic*, *Yoga uniunii co-emergente* a lui Gampopa, *Cele cinci Mahamudra* a lui Drigung Jigten Gonpo (1143–1217) şi *Cele opt mari instrucţiuni* ale lui Tsangpa Gyarey (1161–1211).[43]

În concordanţă cu aceste diverse texte de instrucţiuni de ghidare, marele yoghin Naropa a spus că cele două acumulări de merit şi înţelepciune sunt ca cele două roţi ale unui car şi, fără aceste două acumulări, nu poate fi realizat fundamentul de bază al stării naturale de vacuitate. Un practicant se angajează în meditaţie pe baza acestor instrucţiuni şi principii şi combină practici yoghine, cum ar fi Cele Şase Yoga ale lui Naropa şi Cele Şase Yoga ale Neguma, cu viziunea Mahamudra. Aceste practici de meditaţie sunt marcate cu diverse indicii de succes, cum ar fi semne psihologice şi fizice, apariţia beatitudinii care inundă corpul şi dispersarea treptată a căldurii interioare. Când apar aceste indicii, practicantul consultă unul dintre numeroasele texte de instrucţiuni condensate scrise pentru a ghida yoghinii de-a lungul căii şi pentru a le risipi îndoielile sau suspiciunile individuale.

Maeştri învăţaţi şi realizaţi ai Indiei,
sunteţi chintesenţa minţii-înţelepciune,
Care aţi predat cum să se realizeze Mahamudra
unificată într-o singură viaţă!
Protectori şi maeştri incomparabili ai tradiţiei Kagyu,
Voi sunteţi ghizii din regatul divin al Tibetului!

---

43 Titlurile tibetane: *ro snyoms skyor drung, rje sgam po pas lhan cig skyes sbyor, ‚bri gung ‚jig rten mgon pos lnga ldan, gtsang pa rgya ras pa sogs kyis khrid chen brgyad.*

CAPITOLUL VII
TRADIȚIA JONANG

Istoria tradiției Jonang

Transmisia tradiției Jonang

Tradiția Jonang își începe linia de descendență cu maestrul Kunpang Tukje Tsondru (1243–1313), al cincilea succesor tibetan în linia de descendență Dro Kalachakra, care, în anul 1294, la vârsta de cincizeci și unu de ani, a fost solicitat de studenții din regiunile Chi, Drag și Nag din sudul Tibetului să înființeze o mănăstire în Jomonang.[44] De atunci, tradiția spirituală care a înflorit în acea zonă a fost denumită „Jonang". Deși Yumo Mikyo Dorje (secolul al XI–lea) este considerat a fi primul care a stabilit doctrina tradiției Jonang, este mai potrivit să spunem că Yumowa

---

44 Pentru o biografie a lui Kunpang Tukje Tsondru, a se vedea Byang sems rgyal ba ye shes, pp. 64-142. A se vedea de asemenea Blo gros grags pa, p. 20.

a expus pe scară largă sistemul filozofic care mai târziu a devenit asociat cu „Jonang", deoarece viziunea și practicile acestei linii de descendență fuseseră stabilite anterior în India.[45]

Sursa transmiterii liniei Jonang este ilustrul Buddha Shakyamuni Victoriosul.[46] Linia continuă apoi prin erudiții și yoghinii indieni și prin numeroșii adepți tibetani realizați din Țara Zăpezilor. În conformitate cu Cea de-a Treia Întoarcere a Roții Dharmei lui Buddha, ceea ce a fost transmis prin acești maeștri este înțelegerea conștientă a setului său final de discursuri, sensul definitiv al învățăturilor lui Buddha. Aceste învățături se găsesc în *Cele Cinci Comori* ale lui Buddha Maitreya, precum și în *Continuumul Neîntrecut* și în celelalte texte-comori ale sale[47], și sunt explicate și în *Colecția de imnuri* a lui Nagarjuna și în multe tratate de comentarii similare. De fapt, Buddha a profețit că la o mie de ani după trecerea sa în nirvana va apare un călugăr erudit pe nume Asanga, care va avea un talent extraordinar de a comenta înțelesul provizoriu și definitiv al învățăturilor sale. Acesta este motivul pentru care se spune că Arya Asanga a fost primul care a articulat pe larg acest sistem de semnificație definitivă. Asanga a fost apoi imitat de fratele său mai mic, Vasubandhu, și de filozofi ulteriori, precum

---

45 Pentru o biografie a lui Yumo Mikyo Dorje, a se vedea Byang sems rgyal ba ye shes, pp. 32-35. A se vedea de asemenea Blo gros grags pa, p. 18.

46 Termenul „Victorios" (*rgyal ba*) este unul dintre numeroasele epitete ale lui Buddha. Se referă la Buddha ca fiind cel care a cucerit sau a biruit asupra oricărei forțe adverse care împiedică transformarea spirituală.

47 *Cele Cinci Comori ale lui Maitreya (byams chos sde nga) sunt: 1) Ornamentul Realizării Clare (Skt: abhisamaya-lankara, mngon rtogs rgyan); 2) Ornamentul Discursurilor Mahayana (Skt: mahayana-sutra-lankara, theg pa chen po mdo sde rgyan); 3) Discernământul dintre apariții și realitate (Skt: dharma-dharma-ta-vibhaga, chos dang chos nyid rnam ,byed); 4) Discernământul dintre Mijloc și Extreme (Skt: madhyanta-vibhaga, dbus mtha' rnam ,byed); 5) Continuumul Neîntrecut (Skt: uttara-tantra-shastra, rgyud bla ma).*

Dignaga, Dharmakirti și Chandragomin, care au fost primii care au formulat *viziunea zhentong* despre vacuitatea extrinsecă susținută prin sistemul Marii Madhyamaka al tradiției Jonang.[48]

În timp ce Chandrakirti a acceptat sistemul viziunii *rangtong* al vacuității intrinseci, așa cum este indicat în mod explicit de Nagarjuna în *Cele Șase Colecții de Raționamente*, maeștri precum Chandragomin au susținut viziunea *zhentong* supremă articulată de Arya Asanga și susținută de Marea Madhyamaka.[49] Acești doi maeștri au dezbătut aprins la Universitatea Nalanda din India timp de șapte ani, până când, în cele din urmă, poziția filozofică a viziunii *zhentong* susținută de eruditul Chandragomin a fost victorioasă. La acea vreme, un erudit care asista la aceste dezbateri a exclamat:

---

48 Zhentong (*gzhan stong*) sau „Vacuitatea Extrinsecă" se referă la un sistem de învățături care articulează modul în care natura ultimă a realității e goală de orice altceva în afară de ea însăși. Învățăturile *zhentong* sunt moștenirea filozofică distinctivă a tradiției Jonang și sunt sinonime cu „Măreața Madhyamaka" (dbu ma chen po).

49 Rangtong (*rang stong*) sau „Vacuitatea Intrinsecă" se referă la un sistem de învățături care articulează modul în care toate lucrurile sunt goale de propria lor existență intrinsecă. *Cele Șase Colecții de Raționamente (rigs tshogs drug)* ale lui Nagarjuna sunt divizate în șapte, și sunt: 1) *Versetele Căii de Mijloc* (Skt: *madhyamika-karika, dbu ma'i tshig le'ur byas pa*); 2) *Tratatul Rădăcină despre Înțelepciune* (Skt: *prajnamula, rtsa ba shes rab*); 3) *Scriptura Țesută Elegant* (Skt: *vaidalya-sutra, zhib mo rnam ,thag*); 4) *Inversarea Rădăcinilor Minții* (Skt: *vigraha-vyavartani, rtsad ldog*); 5) *Șaptezeci de Versuri despre Vacuitate* (Skt: *shunyata-saptali, stong nyid bdun cu pa*); 6) *Cele Șaizeci de Strofe despre Raționament* (Skt: *yuki-shastika, rigs pa drug cu ba*); 7) *Ghirlanda Prețioasă* (Skt: *ratnavali, rin chen phreng ba*).

Oh! În timp ce expunerile Nobilului Nagarjuna sunt medicament pentru unii și otravă pentru alții, expunerile Invincibilului Arya Asanga sunt nectar pur pentru toată lumea!

Se spune că acesta a devenit mai târziu un cântec popular, cântat de oamenii din orașul indian Magadha.

Treptat, maeștri precum Gangameti, Avadhuti sau Gawa Drakpa, Ratnakarashanti din Kashmir, marele și puternicul yoghin Brahman Sajna, precum și alți erudiți și yoghini au susținut punctele cruciale ale acestei învățături filosofice infailibile despre natura de Buddha, linia pură de gândire care alcătuiește această mare tradiție.[50] Apoi, la mijlocul secolului al XI-lea, acest sistem al filosofiei Marii Madhyamaka a fost introdus și a început să înflorească în Tibet. Deși în perioada de început a traducerilor, trei dintre *Cele Cinci Comori* ale lui Maitreya fuseseră deja predate, cele mai profunde două explicații ale *zhentong* Madhyamaka nu au fost predate decât mai târziu. Aceste expuneri despre natura realității au fost ascunse ca texte prețioase pentru o scurtă perioadă de timp și nu au fost diseminate. Mai târziu, marele siddha Gangameti a dezvăluit aceste comori dintr-o vas aflat în interiorul unei stupa. Apoi le-a predat eruditului Gawadrak, care a transmis aceste învățături marelui yoghin Sajna, care apoi le-a transmis strălucitului traducător Gaway Dorje, iar apoi au fost predate yoghinului tibetan Tsen Kawoche Drimed Sherab și altor maeștrii ai liniei de descendență.

---

50 Pentru o biografie a lui Avaduti, a se vedea Byang sems rgyal ba ye shes, pp. 14-15. Atât Avaduti cât și Sajna sunt menționați ca figuri responsabile pentru răspândirea ulterioară a învățăturilor Măreței Mahayana Madhyamaka în India, a se vedea Blo gros grags pa, p. 11.

De la Ngog Loden Sherab (1059-1109) mai departe, transmisia acestor învățături despre practica și explicația *zhentong* Madhyamaka s-a răspândit în întregul Tibet. De la Tsen Kawoche, linia de descendență a fost transmisă prin Todpa Dharma Tsondru, Dolwa Nya Yeshe Jungnay, Changchub Kyab, Zhonu Changchub, Kyoton Monlam Tsultrim, Chomdan Rigpay Raltri, Kyiton Jampay Dorje, Kunkhyen Dolpopa Sherab Gyalsten, Nyawon Kunga Pal, Gyalsay Choepal Gonpo, Khaidrup Lodro Gyatso, Trulshik Donyod Palzang, Panchen Shakya Chogden, Gyalsay Donyod Drubpa, Jamgon Drubpay Wangpo, Doring Kunga Gyalsten, Khaidrup Lhawang Dragpa, Sangdak Drolway Gonpo, Ngon Chang Rinchen Gyatso, Khaidrup Lodoe Namgyal, Chalung Thinley Namgyal, Ngawang Tenzin Namgyal, Ngawang Khatsun Dargyay, Kunzang Thinley Namgyal, Nudan Lhundrup Gyatso, Tsangtrul Jigme Namgyal, Ngawang Chokyi Phagpa, Ngawang Chojor Gyasto, Ngawang Chophel Gyatsho, Bada Geleg Gyatso, Ngawang Tsoknyi Gyatso, Ngawang Lozang Tsultrim, Dzamngo Kunga Ngawang, Ngawang Lodro Drakpa, și așa mai departe până la maeștrii în viață.[51]

---

51 Nota lui Jamphal Lodro: „Prin intermediul acestor deținători ai liniei de descendență, sublimul erudit și adept, marele yoghin Kyabje Lama Ngawang Lozang Thinley a primit transmiterea liniei de descendență Jonang. Lama Ngawang s-a născut în 1917 și a atins realizarea prin practica yoga a lui Vajrapani. El a ajuns să stăpânească întreaga tradiție scripturală atât a sutrei cât și a tantrei fără să studieze formal și a fost un expert în semnificația yoga a mantrei secrete Vajrayana. Deși a fost extrem de realizat, Lama Ngawang s-a mulțumit în viața sa să predea și să acumuleze merite fără eforturi deosebite. Mulți elevi ai săi, inclusiv Tulku și Khenpo, sunt foarte pricepuți în *Cele Trei Colecții de Scripturi Budiste*. Mulți alții elevii predau acum în tradiția Jonang, în timp ce alții sunt dedicați predării și păstrării altor tradiții budiste tibetane. În anul 1999, cu numeroase semne miraculoase manifestate prin corpul său fizic, Lama

Linia de descendență Jonang Kalachakra

Se spune că tantrele secrete Vajrayana au fost predate direct discipolilor excepționali din Tărâmul Pur Akanishta, Raiul celor Treizeci și Trei de Zei, pe vârful Muntelui Sumeru, în Potala și în alte tărâmuri divine. Se mai spune că atunci când Vajrayana secretă a fost predată personal regelui indian Indrabodhi, el a atins instantaneu realizarea. Realizarea supremă a fost apoi transmisă succesiv prin yoghinii bărbați și femei, până la cel de-al o sutălea moștenitor, marele maestru Saraha. Aceste învățături tantrice i-au fost transmise lui de marele siddha Shavaripa, care a primit transmiterea de la gloriosul nobil protector Nagarjuna. O altă linie de descendență a învățăturilor secrete Vajrayana, acceptată în mod obișnuit în rândul școlilor filozofice din Tibet, a fost cea transmisă de Buddha manifestat ca Vajrayogini către Vajrapani, apoi către Jampay Dorje și așa mai departe.

Mai precis, învățăturile profunde ale *Tantrei Sri Kalachakra* au fost solicitate de Suchandra, Rege al Dharmei, și predate de Buddha Shakyamuni direct nenumăraților zei, șerpi subterani, oameni și deținători de conștientizare în gloriosul Drepung.[52] Aceste învățături au fost apoi încredințate lui Vajrapani, iar Regele Suchandra le-a transcris mai târziu și a compus un comentariu despre tantra rădăcină intitulat Șaizeci și opt de mii de versuri. Regii ulteriori ai Shambhalei au compus și promovat

Ngawang s-a dizolvat în întinderea supremă a realității, promițând că va ajunge la elevii săi fideli prin compasiunea și binecuvântările sale, indiferent de distanță. În particular, sunt discipoli dintre cei mai apropiați ai acestui maestru suprem care trăiesc acum în Tibet, precum Khenpo Kunga Sherab Saljay și mulți alții, reprezentativi pentru acest deținător de linie de descendență, care predau în prezent interpretările și practicile Jonang."

52 Drepung a fost un oraș antic în Orissa, India.

Tantra Kalachakra în tărâmul Shambhalei. Până la domnia regelui Gyalka, al 11-lea rege al Shambhalei, *Tantra Kalachakra* exista în Shambhala de aproximativ o mie opt sute de ani.

În această perioadă, așa cum a fost profețit, învățatul și realizatul maestru indian numit Duzhab Chenpo Jampay Dorje a avut o viziune cu bodhisattva înțelepciunii Manjushri și cu Regele Shambhalei. Într-o zi, în timp ce se plimba, Jampay Dorje a întâlnit o emanație a regelui Shambhalei și, în timpul acestei întâlniri, el a fost împuternicit să practice *Tantra Kalachakra*. După ce a meditat timp de șase luni la yoga profundă a tantrei, Jampay Dorje a dobândit puteri miraculoase și a reușit să călătorească în Shambhala. Acolo el l-a întâlnit pe al 11-lea rege al Shambhalei și a primit învățături despre *Kalachakra*, precum și despre multe alte tantre. Unele dintre aceste învățături le-a memorat, iar pe altele le-a notat înainte de a se întoarce în India. La întoarcerea sa, Jampay Dorje a transmis aceste învățături tantrice la doisprezece discipoli, printre care Duzhab Chungwa și Shribhadra, care apoi le-au transmis lui Bodhibhadra, care le-a transmis marelui erudit Dawa Gonpo din Kashmir.

În timpul secolului al XI–lea, Dawa Gonpo a călătorit de trei ori în Tibet pentru a transmite *Tantra Kalachakra* lui Lama Droton Namseg, Dro Lotsawa Sherab Drakpa, Lama Lhaje Gompa, Drubchen Yumo și altor câțiva destinatari calificați. În special, el le-a acordat discipolilor săi Dawa Gonpo și Dro Lotsawa Sherab Drakpa întreaga serie de împuterniciri, transmisii textuale tantrice și instrucțiuni de ghidare din *Tantra Kalachakra*. Acest lucru a inițiat diseminarea învățăturilor Kalachakra în Tibet și apariția liniei de descendență Dro *Kalachakra*, susținută de tradiția Jonang. Învățăturile au fost apoi transmise marelui yoghin Yumo Mikyo Dorje, care a compus mai multe comentarii despre Cele Șase Yoga și a expus pe larg sistemul filozofic tantric *zhentong*. După Yumo Mikyo Dorje, descendența a fost transmisă prin fiul său spiritual Chokyi Wangchuk, apoi prin Khaypa Namkha Odzer, Machig Tulku Jobum, Khaydrup Namkha Gyalsten, Jamsar Sherab Odzer, Kunkhyen Choku Odzer, Kunpang Thugje Tsondru și așa mai departe.

Începând cu secolul al XI–lea *Tantra Kalachakra* și sistemele sale conexe au fost traduse în tibetană de mulți mari traducători. Printre traducerile *Tantrei Kalachakra* și sistemele sale înrudite care s-au răspândit în Tibet, există două linii de descendență distincte: linia Ra și linia Dro. În timp ce transmisiile orale din linia de descendență Ra accentuează studiul, cele din linia de descendență Dro accentuează practica. În consecință, linia de descendență Dro susținută de tradiția Jonang este considerată cea mai completă.

Originile tradiției Jonang

S-ar putea ca cineva să se întrebe de ce tradiția este cunoscută sub numele de „Jonang". În provincia U–Tsang din Tibetul Central, în ceea ce este astăzi districtul Lhatse, există un loc numit „Jomonang", locuit de o regină a pădurii pe nume Nag Gyalmo. Ea este una dintre cele douăsprezece Tenma sau principalele zeități feminine protectoare ale Tibetului.[53] În timpul propagării timpurii a învățăturilor, maestrul Guru Padmasambhava, Nubchen Namkhai Nyingpo, Dreluay Gyalsten, Nanam Tsultrim Jungnay și mulți alții, au venit să practice și să scrie în această zonă. Mai târziu, Drogmi Lotsawa, un discipol al marelui yoghin Konchok, a obținut acolo corpul de curcubeu. După aceea, siddha Darchar Chenpo a înființat

---

53 Cele douăsprezece zeități protectoare feminine Tenma (*brtan ma bcu gnyis*) sunt zeițe locale ale pământului, considerate gardiene ale Tibetului Central.

un centru de meditație în acea regiune pentru a practica atât lucrări din tradițiile traducerii timpurii, cât și din tradițiile traducerii târzii. Întrucât yoghinii au avut în această regiune viziuni extraordinare cu zeități neobișnuite, localnicii spun că această zonă este înzestrată cu o capacitate excepțională de binecuvântare.

În secolul al XII–lea, Kunpang Tukje Tsondru a venit în Tibetul Central și a înființat complexul monahal care mai târziu a devenit cunoscut sub numele de „Jonang". Kunpang Tukje Tsondru, cunoscut și sub numele de Kunpang Chenpo Kuntu Zangpo, s-a născut în Tangwachar în anul 1243. El a studiat la Sakya, dar și în multe alte universități monahale din Tibetul Central, și a devenit un erudit eminent chiar și printre cei mai învățați. De la Kunkhyen Choku a primit șaptesprezece împuterniciri diferite, mai multe transmisii tantrice, sfaturi spirituale personale și instrucțiuni de îndrumare cu privire la Cele Șase Yoga din Kalachakra, care l-au făcut să obțină realizări dincolo de orice așteptări.

Întărindu-și cele cinci vânturi vitale prin yoga de valorificare a energiei interne a forței vitale, a treia dintre cele șase yoga subsidiare, Tukje Tsondru a dobândit abilități spirituale atât de excepționale, încât putea împinge zece oameni odată, doar atingându-i cu mâna. Datorită capacității sale de a-și valorifica vânturile vitale, însoțitorii săi erau nevoiți adesea să trăiască în condiții incomode, extreme, de căldură și frig pe care el le crea. De fapt, în timpul uneia dintre meditațiile sale, Tukje Tsondru a avut o viziune a formei cu unsprezece capete a lui Avalokiteshvara, care i-a spus că el este reîncarnarea lui siddha Soton Kunrig, iar apoi i-a dat permisiunea să ridice sigiliul secret și să practice Cele Șase Yoga din *Tantra Kalachakra*. Din dorința sa de a comprima intențiile esențiale ale *Tantrei Kalachakra*, el a recitat continuu rugăciuni de implorare, până când, într-o zi, a avut o viziune cu toții Regii Shambhalei, simultan.[54]

Protectoarea Nag Gyalmo din Jonang i-a cerut apoi lui Tukje Tsondru să vină la Jomonang. Deși inițial el a refuzat această cerere, a spus că va veni în viitor, atunci când va fi momentul potrivit. În cele din urmă, după ce au apărut anumite circumstanțe de bun augur și după numeroase solicitări din partea învățătorilor, studenților și a comunității spirituale din regiunile Chi, Drag și Nag, Tukje Tsondru s-a mutat la Jomonang. Odată ce s-a stabilit acolo, au început imediat să apară semne și prevestiri de bun augur. Apoi, el a aranjat și a consemnat toate instrucțiunile de ghidare existente transmise oral despre Cele Șase Yoga și, așa cum fusese profețit, a avut o viziune a zeității Kalachakra. Aceste scrieri au fost printre primele manuale despre Cele Șase Yoga ale *Tantrei Kalachakra* din Tibet.

Înainte de sosirea lui la Jomonang, erau aproximativ treizeci de practicanți și, după ce el a locuit la Jomonang o perioadă, șase sute de mari meditatori, atât ai tradițiilor traducerii timpurii cât și ai tradițiilor traducerii târzii, s-au stabilit acolo. Spre ultima parte a vieții, maestrul Drogon Chogyal din Sakya a trăit în Jomonang, alături de mulți alți maeștri care și-au făcut acolo case. După ce a trăit la Jomonang timp de douăzeci și unu de ani, Tukje Tsondru a încredințat complexul monahal Jonang discipolului său Changsem Gyalwa Yeshe Yontan Gyatso (1260–1327), iar în anul 1313 a trecut în marea întindere a realității.

----

54 Nota lui Jamphal Lodro: „În timp ce se afla la Kyid Phuk, Tukje Tson-dru a avut o viziune a mărețului siddha indian Virupa și a fost inspirat să compună un manual care compila Calea și Rezultatul ei."

Omniscientul Sherab Gyaltsen

După ce Yontan Gyatso a asigurat buna funcționare a Mănăstirii Jonang timp de opt ani, renumitul erudit și adept Kunkhyen Dolpopa Sherab Gyaltsen (1292–1361) a acceptat conducerea Jonang. Așa cum a fost profețit despre Kunkhyen Dolpopa în *Sutra Măreței Tobe*,[55]

> În viitor, va apărea un tânăr dintr-o familie nobilă din Magadha, care va încânta întreaga lume, va proveni din familia Kayori și va deveni călugăr cu un nume asemănător cu al meu.

De asemenea, este profețit în *Tantra Coroanei Victorioase*,

> La aproximativ o mie cinci sute de ani după trecerea lui Buddha în nirvana, în țara oamenilor cu fețe roșii, va apărea un călugăr care va susține învățăturile așa cum o fac eu. Lângă un râu, lângă o grădină de pomi fructiferi magici, în orașul Yi, familiei Kayori, unui tată pe nume „Yeshe Wangchuk" și unei mame pe nume „Tsultrim Gyanzhe Drag", li se va naște un copil care va purta numele de „Buddha". El va ridica și flutura stindardul victoriei învățăturii mele și va sufla în scoica Dharmei.

După cum a fost profețit, Dolpopa s-a născut în familia Kayori în anul 1292. A fost hirotonit de Khenpo Tsultrim Nyingpo și a primit numele de Sherab Gyaltsen sau „Stindardul victoriei înțelepciunii", iar mai târziu a devenit cunoscut drept „Buddha din Dolpo".

---

55 Titlul tibetan: *rnga bo che'i mdo*.

Kunkhyen Dolpopa a studiat și a învățat sutre și tantre vaste precum oceanul, de la peste treizeci dintre cei mai mari învățători care au trăit în Tibet în timpul vieții sale, inclusiv de la maestrul spiritual Kyiton Jamyang. El a vizitat marile universități monahale din cele patru lanțuri muntoase din Tibetul Central și a primit titlul de „Kunkhyen" sau „Cel Omniscient" pentru reputația sa de a cunoaște fără ezitare toate cuvintele și semnificațiile scripturilor, atât a celor majore cât și a celor minore. Dolpopa a fost un erudit exemplar și una dintre figurile marcante din Tibetul secolului al XIV–lea.

La vârsta de treizeci de ani, Dolpopa a primit hirotonia deplină de la Khenpo Sonam Dragpa și s-a mutat la Jomonang. În timp ce medita în retragere la schitul Khacho Deden, în mintea sa a apărut pentru prima dată realizarea viziunii *zhentong* Madhyamaka, dar s-a abținut să vorbească despre aceasta pentru o vreme. După ce a stat câțiva ani la Mănăstirea Jonang, Dolpopa a ridicat Măreața Stupă din Jonang, care eliberează prin simpla privire. În această perioadă, datorită nenumăratelor sale activități, Kunkhyen Dolpopa a apărut sub înfățișări diferite. În timp ce unii oameni îl vedeau dând învățături, alții îl vedeau cum construia Măreața Stupă. Unii oameni credeau că el manifestase trei corpuri, în timp ce alții jurau că avea opt corpuri, deoarece părea că îndeplinea toate faptele sale în mod simultan. Din fericire, el a fost ajutat de mulți oameni, precum și de ființe non-umane, în ridicarea Măreței Stupe din Jonang.[56]

Anterior, Kunpang Tukje Tsondru prezisese că „în această mănăstire va fi un fiu superior tatălui său și un nepot superior fiului său". Dolpopa a rămas la Jomonang timp de șaptesprezece ani, susținând și dezvoltând învățăturile liniei de meditație Jonang. În special, el a compus numeroase tratate, cum ar fi

---

56 Nota lui Jamphal Lodro: „Ulterior această stupa a fost distrusă, dar a fost restaurată și o putem vedea astăzi."

capodopera sa, *Muntele Dharmei: Oceanul Semnificației Definitive,* și a explicat pe larg în Țara Zăpezilor marea tradiție filozofică *zhentong* Madhyamaka.

Linia de descendență a maeștrilor Jonang

Kunkhyen Dolpopa Sherab Gyaltsen a avut treisprezece fii spirituali celebri, incluzându-i pe Lotsawa Lodro Pal (1299–1353), Chogle Namgyal (1306–1386), Sazang Mati Panchen (1294–1376) și Nyawon Kunga Pal (1285–1379).[57] După ce Kunkhyen Dolpopa a renunțat la poziția de lider, l-a numit pe Lotsawa Lodro Pal, care a continuat linia de conducere a Mănăstirii Jonang.

Primii mari maeștri ai liniei de descendență Jonang au fost Kunpang Tukje Tsondru, Changsem Gyalwa Yeshe (1247–1320) și Yontan Gyatso. Acești trei maeștri, împreună cu Kunkhyen Dolpopa și fiul său spiritual Chogle Namgyal, sunt cunoscuți drept Cei Cinci Strămoși ai tradiției Jonang. Chogle Namgyal a compus mai multe tratate despre *zhentong* Madhyamaka, inclusiv *Distrugătorul iluziilor,* în versiune extinsă și scurtă.[58] Maestrul învățăturilor Nyawon Kunga Pal a compus *Ornamentul radiant al sistemelor filozofice, Marele comentariu asupra cunoașterii valide care risipește întunericul conștientizării, Comentariul asupra înțelepciunii care risipește întunericul conștientizării* și multe alte texte.[59] Nyawon Kunga Pal a avut mulți discipoli măreți, cărora le-a predat linia de descendență succesivă a filozofiei

---

57 Pentru o discuție despre fiii spirituali ai lui Dolpopa, a se vedea Blo gros grags pa, pp. 32-39.

58 Titlul tibetan: *,khrul ,joms che chung.*

59 Titlul tibetan: *grub mtha' ,od gsal rgyan, rnam ,grel ,grel chen yid kyi mun sel, sher ,grel yid kyi mun sel.*

zhentong Madhyamaka; printre aceşti discipoli sunt incluşi Jetsun Redawa, Regele Dharmei Jetsun Tsongkhapa şi marele maestru realizat Kunga Lodro. Chiar dacă nu existau multe universităţi monahale în care să se poată studia comentariile detaliate asupra celor Cinci Volume de Învăţături care constituie curriculumul de bază al studiilor budiste în Tibet, este de remarcat faptul că Jetsun Tsongkhapa a citat mai târziu *Comentariul asupra înţelepciunii* al învăţătorului său Nyawon Kunga Pal în lucrarea sa *Ghirlanda de Aur a Elocvenţei*.[60]

Această linie de discipoli a fost apoi susţinută de marele maestru realizat Kunlo. Mai târziu, marele savant şi yoghin, Atotştiutorul Jetsun Taranatha (1575–1635), a cărui înţelepciune este egală cu a celor Trei Manjushri din Ţara Zăpezilor, a susţinut linia transmisiilor orale Jonang.[61] Acest suveran al învăţăturilor lui Buddha s-a născut în anul 1575 şi, la vârsta de un an, repeta mereu: „Eu sunt Kunga Drolchok!" La vârsta de patru ani, a fost recunoscut ca reîncarnarea maestrului învăţăturilor secrete, Kunga Drolchok (1507–1566), şi a fost înscăunat la Mănăstirea Cholung Changtse. Mai târziu, l-a întâlnit în vis pe siddha indian Zhalanatha, care i-a dat numele „Taranatha".

Taranatha a studiat toate sistemele scripturale ale filozofiilor atât budiste cât şi non-budiste, inclusiv învăţăturile vehiculelor mai mari şi mai mici ale maeştrilor învăţaţi din India şi din

---

60 Cele *Cinci Volume de Învăţături (bka' pod lnga)* constituie curriculumul educaţional budist de bază în Tibet. Ele sunt: 1) Pramana sau Epistemologia *(tshad ma)*; 2) Madhyamaka sau Filozofia Căii de Mijloc *(dbu ma)*; 3) Prajnaparamita sau Filozofia Înţelepciunii Transcendente *(phar phyin)*; 4) Abhidharma sau Ştiinţele Interne şi Externe *(mngong pa)*; 5) Vinaya sau Etica (,dul ba). Titlul tibetan: *legs bshad gser phreng.*

61 Cei trei Manjushri din Tibet (,*jam dbyangs rnam gsum*) sunt: Sakya Pandita, Tsongkhapa şi Longchen Rabjam.

Tibet. Realizările sale ca erudit au fost atât de glorioase, încât reputația sa s-a răspândit în toate direcțiile. În anul 1611, el a înființat Mănăstirea Takten Choling și a compus multe tratate și comentarii despre diverse cicluri de instrucțiuni de ghidare, tehnici contemplative și practici atât ale sutrei, cât și ale tantrei. Cel mai important, el a proclamat învățăturile *zhentong* Madhyamaka precum răgetul unui leu măreț. Nu numai atât, dar Taranatha a explicat metodele de exersare și a scris instrucțiuni practice pentru aproape fiecare secțiune a tantrelor din tradițiile traducerii târzii din Tibet. De fapt, nu a existat nici măcar o singură tradiție tantrică pe care el să nu o păstreze în adâncul minții sale. Chiar dacă nu a călătorit niciodată în India, datorită vieților sale anterioare de mari siddha indieni precum Nagpopa, el a putut să-și povestească viețile anterioare și să compună *Istoria budismului în India*.[62] Astăzi, această lucrare este considerată una dintre sursele fundamentale pentru istoria budismului indian și este adesea menționată de istoricii indieni moderni.

Dintre toți exponenții celebri ai filozofiei profunde zhentong Madhyamaka din Tibet, Kunkhyen Dolpopa și Taranatha sunt considerați cei mai înalți maeștri ai liniei de descendență. După acești doi mari maeștri, succesorii lor spirituali s-au răspândit în cele trei provincii ale Tibetului, iar tradiția Jonang a devenit binecunoscută pretutindeni. În special, mănăstirile Jonang erau cunoscute pentru practica lor de meditație și erau de neegalat față de celelalte tradiții budiste tibetane din această pregătire. De exemplu, în Tibetul Central se aflau Mănăstirea Jonang a lui Kunpang Tukje Tsondru, Mănăstirea Dechen a lui Changsem Gyalwa Yeshe, Mănăstirea Peștera Phukmo a lui Kunkhyen Dolpopa și Mănăstirea Ngam Ring, Mănăstirea Chuzang a lui Chodrak Pal, Mănăstirea Ganden a lui Sazang Mati

---

62 Titlul tibetan: *rgya gar gyi chos ,byung.*

Panchen, Mănăstirea Tsechen Chode a lui Kunkhyen Nyabon, Mănăstirea Lhagang și Mănăstirea Tsanchen, Mănăstirea Tagten Choling Ngedon a lui Jetsun Taranatha și peste alte treizeci de alte mănăstiri pe lângă acestea. Chalung Thinley Namgyal a introdus, de asemenea, programa școlară Jonang în marile mănăstiri Geluk, inclusiv Ganden și Drepung. Cu toate acestea, natura lumii noastre este astfel încât, ori de câte ori există progres, apare inevitabil și declinul.

În timpul celui de-al cincilea Dalai Lama, atât tradiția Jonang, cât și Kagyu, au fost sever reprimate. Motivul pentru această reprimare nu a fost superioritatea sau inferioritatea viziunilor și practicilor lor, nici insuficiența sistemelor lor educaționale, ci a fost unul în întregime politic. După ce această perioadă de declin a trecut, liniile neîntrerupte ale acestor tradiții filosofice și contemplative au fost reînviate. Acesta este motivul pentru care aceste tradiții au continuat să se dezvolte neperturbate până în prezent. Din fericire, discipolul maestrului Jonang Panchen Chogyal, Ratnashri, a călătorit în regiunea Amdo din Tibetul de Est, unde a început să răspândească gândirea filozofică *zhentong*. Apoi, în anul 1365, Rinchen Pal (1350–1435) a înființat Mănăstirea Choje în Dzamthang și, de atunci, tradiția Jonang a înflorit în Amdo.

Tradiția Jonang în zilele noastre

Astăzi, linia succesorală a gândirii și practicii Jonang este susținută și păstrată de mănăstirile Jonang din Kham și Amdo, în special cele din Dzamthang și regiunile învecinate. Împreună, aceste mănăstiri deservesc câteva sute de mii de practicanți mireni și hirotoniți. În mănăstirile din Dzamthang, de exemplu, există peste cinci mii de călugări care studiază *zhentong* Madhyamaka, precum și cele cinci subiecte majore ale filosofiei budiste scrise de către autori precum Kunkhyen Dolpopa, discipolii săi apropiați și alți maeștri importanți ai liniei Jonang. În particular, programele de studii ale acestor mănăstiri pun accentul pe studiul și practica liniei de descendență neîntrerupte a stadiilor de generare și desăvârșire ale *Tantrei Kalachakra*.

Există, de asemenea, mai multe mănăstiri Jonang în districtul Lhatse din Tibetul Central și mai mult de cincizeci de mănăstiri Jonang răspândite în ținuturile din Amdo din îndepărtatul Tibet de Est, inclusiv în ținuturile Ngawa, Chuchen, Barkam, Trochu, Gade, Padma, Chikdril și Darlag. În regiunea Kham din Tibetul de Est există mai multe ținuturi, cum ar fi Lithang și Dabpa, unde se află mănăstiri Jonang, precum Mănăstirea Mingyur, Mănăstirea Dragnag, Mănăstirea Zhingwa, Mănăstirea Delu și Mănăstirea Thubpa. În afara Tibetului, centrul pentru studiul și practica tradiției Jonang este Mănăstirea Takten Phuntshog Ling din Shimla, India. Aceasta a devenit o mănăstire importantă pentru practica meditației asupra stadiilor de generare și desăvârșire ale *Tantrei Kalachakra* susținute de Jonang.

Deoarece acesta este un loc în afara Tibetului atât de important pentru Jonang, aș dori să fac o scurtă prezentare a motivului pentru care această mănăstire este atât de semnificativă. În general, tradiția Jonang nu este foarte cunoscută în rândul occidentalilor și în lumea de dincolo de granițele culturale ale Tibetului. Totuși, aceasta nu e din cauza faptului că Jonang este o tradiție minoră sau nesemnificativă. Deși unele filiații budiste tibetane au dispărut, în timp ce altele au fost asimilate, în prezent există cinci tradiții majore ale budismului tibetan. În Tibet, aceste tradiții sunt clasificate în două mari sisteme filozofice: cele care susțin *zhentong* Madhyamaka și cele care susțin *rangtong* Madhyamaka. Dintre aceste două diviziuni,

Jonang susține sistemul *zhentong* Madhyamaka. Cu alte cuvinte, dintre cele cinci tradiții budiste tibetane, tradiția Jonang este principalul susținător al unuia dintre cele două mari sisteme filozofice budiste tibetane. Pe lângă tradițiile budiste Nyingma, Sakya, Kagyu, Jonang și Geluk, mai există tradiția Bon. În timp ce cele patru tradiții budiste, în afară de tradiția Jonang și Bon, sunt înregistrate oficial la Guvernul Tibetan în Exil, tradiția Jonang nu este. Motivul este că atunci când tibetanii au fugit din Tibet în India, nu existau reprezentanți ai tradiției Jonang care să depună documentele necesare, deoarece marii maeștri Jonang au rămas în Tibet. Acesta este motivul major pentru care tradiția Jonang nu este cunoscută lumii occidentale.

Cu toate acestea, în 1998, câțiva călugări Jonang au fugit din Tibet în India și, văzând importanța susținerii tradiției Jonang, Sanctitatea Sa Dalai Lama a dăruit tradiției Jonang în mod privat Mănăstirea Takten Phuntsog Ling din Shimla și l-a numit pe al 11-lea Jetsun Dampa Khalka Rinpoche drept lider al tradiției Jonang în exil. Sanctitatea Sa a spus, de asemenea, că este deosebit de necesar ca Jonang să susțină linia de descendență a practicii stadiilor de generare și desăvârșire ale *Tantrei Kalachakra*. Apoi, în vara anului 2002, Sanctitatea Sa vizitat timp de patru zile Mănăstirea Takten Phuntsog Ling pentru a acorda împuterniciri și a oferi învățături din tradiția Jonang, precum și pentru a purta discuții despre scopurile inițiale și viitoare ale mănăstirii. La acel moment, Sanctitatea Sa a subliniat cât de important este să se susțină tradiția Jonang, deoarece este singura tradiție care păstrează instrucțiuni complete de ghidare privind yoga stadiului de desăvârșire din *Tantra Kalachakra*. De asemenea, și-a exprimat speranța că, în viitor, Mănăstirea Takten Phuntsog Ling va deveni un centru de meditație unde practicanții fiecărei tradiții budiste tibetane vor putea veni să se antreneze în yoga stadiului de desăvârșire din *Tantra Kalachakra*.

În vara anului 2003, Jetsun Dampa Kalkin Rinpoche a oferit învățături despre Elixirul Chintesențial al Stadiilor Progresive de pe Cale scris de Taranatha, împreună cu câteva împuterniciri din tradiția Jonang.[63] Mai târziu, Orgyan Thinley Dorje, al 17-lea Karmapa, a vizitat și el Takten Phuntsog Ling în Shimla și a predat *Cântecul despre înțelegerea viziunii învățăturilor profunde ale definitivei Zhentong Madhyamaka,*[64] scris de către al 13-lea Karmapa. El a exprimat, de asemenea, modul în care predecesorii săi Karmapa și el însuși au o afinitate deosebită pentru sistemul *zhentong* Madhyamaka și modul în care învățătorii săi principali au subliniat viziunea zhentong.

Tradiția Jonang are o istorie îndelungată, cu sisteme științifice profunde de învățare și o linie extinsă de maeștri realizați. Din păcate, Jonang nu a fost recunoscută de lumea occidentală și nu a primit un statut egal cu al celelalte tradiții budiste tibetane din cauza izolării sale. În prezent, pe măsură ce această tradiție este înregistrată la Guvernul Tibetan în Exil, reprezentanți ai tradiției trăiesc și călătoresc în afara Tibetului și lucrările semnificative sunt traduse în engleză și în alte limbi occidentale, tradiția Jonang va primi cu siguranță o atenție mai mare. Din fericire, datorită sprijinului Sanctității Sale Dalai Lama, învățăturile Jonang au început deja să înflorească în lumea din afara Tibetului.[65]

---

63 Titlul tibetan: *lam rim bdud rtsi'i nying khu.* Aceste împuterniciri (*dbang*) erau ale lui Avalokiteshvara din linia de descendență Gelongma Palmo (*dge slong ma dpal mo'i lugs kyi thugs rje chen po'i dbang*) și Tara Albă (*sgrol dkar*).

64 Titlul tibetan: *nges don gzhan stong dbu ma chen po'i zab chos go nyams lta ba'i glu.*

65 Nota lui Jamphal Lodro: „Jonang Tulku Tashi Gyaltsen Rinpoche a în-ființat câteva centre în New York, Georgia și Taiwan. De asemenea, el a sponsorizat Marele Festival de Rugăciune Jonang din Bodhgaya, India, unde peste o mie de călugări se adună pentru a sărbători tradiția timp de cinci zile în fiecare an, începând din 2002. Există, de asemenea, câțiva

VIZIUNI ȘI PRACTICI ALE TRADIȚIEI JONANG

Vacuitatea și *natura de Buddha*

Tradițiile budiste Mahayana consideră că tot ceea ce poate fi cunoscut sau natura ultimă durabilă a realității fenomenale este ceea ce se numește „vacuitate". Totuși, aceasta nu este un vid nihilist sau o stare de neant; este afirmația că nu există o rădăcină fundamentală a existenței.

Experiențele noastre grosiere obișnuite actuale, percepțiile tuturor fenomenelor din propria noastră minte, inclusiv priveliștile, sunetele, mirosurile, gusturile și senzațiile tactile, sunt reflectări ale conștiinței substratului subiacent asupra ochilor, urechilor, nasului, limbii și corpului în fluxul de conștientizare individuală.[66] Această bază universală sau conștiință de substrat acționează ca o oglindă care reflectă imaginile asupra ei însăși. În

---

lama din Dzamthang care au înființat centre în orașe mari din China, iar acum mulți chinezi sunt interesați de instrucțiunile de practică Jonang ale *Tantrei Kalachakra*."

66 Conștiința substratului (fundament) (*kun gzhi rnam shes*) este a opta din cele opt conștiințe descrisă în cadrul Școlii Yogacara a budismului Mahayana. Conștiința substratului servește drept receptacul și depozitar pentru impresiile latente și urmele de memorie (*bag chags*) create de activități corporale, vocale și mentale, până când acestea sunt reactivate. Celelalte șapte tipuri de conștiință sunt: cele cinci conștiințe senzoriale (*dbang po'i rnam shes*) incluzând conștiința vizuală (*mig gi rnam shes*), conștiința auditivă (*rna ba'ii rnam shes*), conștiința olfactivă (*sna yi rnam shes*), conștiința gustativă (*lce'i rnam shes*), conștiința tactilă (*lus kyi rnam shes*), conștiința mentală discursivă (*yid kyi rnam shes*), conștiința emoțională amăgită (*nyon mongs pa'i yid kyi rnam shes*).

acest fel, ceea ce pare a fi exterior apare în propria conștientizare. Din această cauză, referințele obiective nu pot fi stabilite nici măcar în mică măsură ca fiind intrinsec durabile și reale.

Deoarece obiectele de fapt nu există separat de proliferările conștiinței de substrat a unui individ, tot ceea ce este perceput de ființele obișnuite este o înșelăciune.[67] Considerând că ceea ce există este fals, precum aparițiile unui iluzionist, în realitatea convențională toate lucrurile constante și stabile sunt înțelese ca fiind inexistente sau iluzii. Cu toate acestea, substratul fluxului propriu de conștientizare, natura goală permanentă a tuturor lucrurilor, este în mod continuu permanentă și veșnică.[68] Indiferent ce s-ar întâmpla, acest continuum menține un extaz măreț neschimbător, care nu poate fi niciodată afectat. Pentru că este lipsit de falsitate, el nu poate înșela. Acesta este motivul pentru care se spune că este cu adevărat existent și invariant.

În general, doar cineva care realizează sublima stare de Buddha este impregnat de conștiința omniscientă care cunoaște instantaneu fenomenele neînșelătoare și tot ceea ce poate fi cunoscut, care este adevărata natură a realității. Prin marea sa compasiune iubitoare, un Buddha devine o sursă de refugiu cu puteri și capacități de neconceput pentru a proteja nenumărate ființe amăgite. În mod similar, Buddha Shakyamuni se manifestă ca reflecții într-o oglindă, apărând în forme infinite pentru a aduce beneficii ființelor. Numele care au fost date acestui

---

67 Înclinațiile inconștiente latente și tendințele karmice reziduale (*bag chags*) din conștiința de substrat sunt sursa acestor „proliferări ale conștiinței de substrat". Proliferările (*mched pa*) sunt reactivările urmelor latente care sunt asemănate cu semințe (*sa bon*) care se maturizează în fructele („*bras bu*) experienței.

68 Bazele conștientizării impecabile (*kun gzhi ye shes*) este un termen pentru diferențierea naturii de bază subiacente a conștientizării înțelepciunii curate de cea a conștiinței depozit. Este un termen tehnic folosit în special de către Dolpopa Sherab Gyaltsen și de autorii Jonang ulteriori.

potențial înnăscut de iluminare includ: „natura de Buddha",
„modul de bază al ființei", „esența iluminată fundamentală
proprie" sau „ Cele Trei Giuvaiere Supreme".

În noi toți, în fluxul mental al fiecărei ființe simțitoare,
din timpuri fără de-început și până în acest moment, există
o esență înnăscută iluminată care pătrunde totul. Această
esență este asemănată cu o bijuterie într-un vas, un copil în
pântec sau o comoară sub pământ.[69] Datorită forțelor obscure
ale pasiunii, agresivității și ignoranței, ființele obișnuite nu au
recunoscut această esență înnăscută. Până acum, noi am rătăcit
fără țintă prin cicluri nesfârșite ale existenței samsarice, fără a
ne recunoaște propriul potențial. Cu toate acestea, printr-o
introspecție perfectă, este posibil să recunoaștem acest mod real
de permanență al ființei noastre.

Pentru cei care nu își recunosc imediat propria natură prin
practica contemplativă, există mintea-înțelepciune nepătată a
lui Buddha Shakyamuni și comentariile unor autori precum ale
protectorului Regent Maitreya, cele ale Celor Șase Ornamente
care înfrumusețează lumea noastră și cele ale Celor Doi Excelenți
care ne oferă îndrumări pe calea meditației.[70] Alternativ,
bazându-ne pe instrucțiunile orale ale unui maestru Jonang
calificat, care este înzestrat atât cu cunoaștere, cât și cu realizare,

---

69 Aceasta este o referire la cele nouă similitudini ale esenței iluminate din
Uttaratantra, Continuumul Neîntrecut: „Un Buddha într-un lotus putrezit,
miere în mijlocul unui roi de albine, un sâmbure în coajă, aur în murdărie,
o comoară sub pământ, lăstari de mango dintr-un fruct minuscul, o figură
a Victoriosului aflată într-o cârpă zdrențuită, un rege universal în pânte-
cele unei femei mizerabile, o imagine prețioasă într-o matriță de lut. Tot
așa, natura inerentă a fiecăruia este ascunsă de distorsiunile suferințelor
trecătoare, esența iluminată locuind în interiorul tuturor ființelor."

70 „Cele Șase Ornamente" sunt cei șase mari filozofi budiști indieni: 1)
Nagarjuna; 2) Aryadeva; 3) Asanga; 4) Vasubandhu; 5) Dignaga; 6)
Dharmakirti.

și care poate introduce direct esența iluminată prin propria sa asigurare, un practicant va descoperi cum să dezvolte încrederea și convingerea în propria sa esență înnăscută. Apoi, cultivând stabilizarea meditativă asupra a ceea ce i-a fost prezentat, practicantul începe să practice calea profundă a Celor Șase Yoga și stadiul de desăvârșire al *Tantrei Kalachakra*. Prin dobândirea semnelor și indicațiilor succesului yoghin, un adept va progresa treptat pe calea meditației până când starea de Buddha i se va naște în interiorul său. Dacă nu manifestăm sămânța de stare de Buddha care stă latentă în noi înșine, nu vom găsi niciodată în altă parte un nou Buddha strălucitor, deoarece cauza de a fi un Buddha nu există nicăieri altundeva.

Zhentong: vacuitatea extrinsecă

În ceea ce privește viziunea filozofică extraordinară a tradiției Jonang, aceasta este denumită „zhentong", „cealaltă vacuitate" sau „vacuitatea extrinsecă". Motivul pentru care este numită „cealaltă" vacuitate sau vacuitatea „extrinsecă" constă în faptul că această viziune prezintă în mod clar modul în care natura ultimă a realității este liberă sau goală de orice „altceva" decât natura sa absolută esențială. Cu alte cuvinte, este goală de tot ceea ce este fals în realitatea relativă superficială. Deoarece aceasta este afirmația, această viziune este denumită „vacuitatea de celelalte". Prin urmare, se spune că cei care susțin această viziune *zhentong* consideră realitatea convențională ca fiind *rangtong* sau goală de propria sa existență intrinsecă, în timp ce consideră realitatea ultimă ca fiind goală de orice altceva decât ea însăși.

În general, există o tradiție în budismul tibetan ca anumiți erudiți să critice și să respingă opiniile și principiile filozofice care se opun propriilor lor sisteme de gândire. De exemplu, eruditul Sakya Gorampa (1429–1489) l-a criticat pe Tsongkhapa (1357–1419) în Cele Șaizeci de Puncte Drong Tsong, iar eruditul Taktsang (născut în 1405) l-a criticat și mai împovărător cu cele Optsprezece Mari Grupe de Contradicție. În mod similar, unii erudiți s-au întors împotriva tradiției Jonang în încercările lor de a-i contesta punctele de vedere. Poate că acești oameni au propria lor agendă, sau poate că pur și simplu au interpretat greșit semnificația viziunilor și principiilor Jonang din cauza profunzimii și complexității lor. Oricum ar fi cazul, există acest tip de părtinire. S-ar putea, de asemenea, ca motivul principal pentru care astfel de critici persistă să fie faptul că punctul central al tradiției Jonang este că natura ultimă a realității este cu adevărat existentă și, din moment ce budiștilor le este bine-cunoscut faptul că „tuturor fenomenelor le lipsește existența adevărată", viziunea *zhentong* este improprie pentru urechile acestor critici.

În trecut, în India, a existat un sistem filozofic cunoscut sub numele de Samkhya, iar filosofia acestuia propunea existența unei substanțe primare din care a fost creat tot ceea ce este cunoscut.[71] Criticii viziunii *zhentong* o tratează ca și cum ar respinge noțiunea Samkhya a unei substanțe cu existență reală, și apoi se comportă ca și cum ar respinge viziunea Jonang *zhentong*. Lăsând deoparte toate părtinirile și prejudecățile, să presupunem că putem dovedi că filosofia Samkhya este fără echivoc greșită. Chiar dacă admitem acest lucru, ceea ce savanții Jonang numesc „esența iluminată existentă cu adevărat" sau „natura ultimă a

---

71 Sistemul Samkhya (*grangs can pa*) al filozofiei clasice indiene a fost dezvoltat de înțeleptul Kapila în secolul al VII-lea și începutul secolului al VIII-lea î.e.n. Principiul de bază al acestui sistem filosofic dualist este că întregul univers este derivat din două principii: principiul animat primar (Skt: *purusa*) și principiul inanimat primar (Skt: *prakirti*) care se amestecă pentru a crea trei calități (Skt: *gunas*), care apoi interacționează pentru a crea inteligența de bază (Skt: *buddhi*), din care se naște identitatea egoistă.

realității", nu este același lucru cu principiul fundamental stabilit de sistemul Samkhya. Ceea ce budiștii Mahayana cunosc ca fiind adevărata existență care trebuie negată este ușor de înțeles ca fiind diferită de ceea ce afirmă viziunea *zhentong*, iar ceea ce afirmă punctul de vedere *zhentong* este ușor de înțeles ca fiind diferit de ceea ce afirmă sistemul Samkhya.

La ceea ce se referă budiștii Mahayana ca fiind „natura ultimă a realității" cu adevărat stabilită este, de fapt, extrem de diferit de adevărata existență care trebuie negată.[72] Motivul pentru aceasta constă în faptul că adevărata existență care trebuie negată poate fi cunoscută doar de mințile conceptuale ale ființelor obișnuite, conștientizarea amăgită care este coruptă de ignoranță. Deoarece semnificația reală a naturii de Buddha sau esența iluminată este descoperită prin înțelepciunea impecabilă a echilibrului meditativ realizată de ființele înălțate, ea este o descoperire autentică. De fapt, descoperirea ei o face reală. Dacă descoperirea lor ar fi neautentică, atunci înțelepciunea pură a echilibrului meditativ ar trebui să fie conceptuală.

Dacă ceva nu este în acord cu semnificația reală a ceea ce poate fi descoperit și dacă poate înșela mintea conceptuală, atunci nu poate fi acceptat ca fiind adevărat. Din această cauză, înțelepciunea pură a echilibrului meditativ realizată de ființe înălțate este considerată a fi adevărată și se spune că există cu adevărat. Acest lucru se datorează faptului că mintea conceptuală obișnuită nu poate afirma sau nega semnificația reală descoperită de ființele înălțate. De exemplu, să presupunem că natura ultimă

---

72 Nota lui Jamphal Lodro: „Pentru că adepții viziunii filozofice Jonang *zhentong* acceptă că este necesar să se realizeze absența identității duale a unui ego inerent și a fenomenelor pentru a deveni un Buddha, și pentru că este o viziune budistă comună că aceste două tipuri de fixare pe sine determină ființele să rătăcească prin samsara, nu este puțin ciudat că oamenii critică acest punct de vedere?"

a realității nu ar fi cu adevărat existentă. Dacă i-ar lipsi existența adevărată, atunci ar putea înșela acele minți care o percep. Prin urmare, nimeni nu ar putea dovedi că este adevărată. Deoarece este așa, este logic să afirmăm că natura ultimă a realității este cu adevărat existentă, deoarece ceea ce este cu adevărat existent nu îi înșală pe cei care o percep. Dacă nu ar fi așa, iar perversiunile ar fi reale, atunci toată lumea ar dori să-și afirme continuu propriile absurdități pe baza propriilor amăgiri.

Unii spun că dacă mintea conceptuală nu găsește nimic, aceasta înseamnă descoperirea naturii ultime a realității. De fapt, sensul acestei negăsiri conceptuale este doar o indicație a minții discursive dualiste. O minte eliberată de percepții dualiste va găsi cu siguranță semnificația reală. Dacă o minte liberă de percepții dualiste nu ar putea găsi semnificația reală, atunci nici această minte non-dualistă care percepe natura reală a realității nu ar fi considerată semnificativă. Cu toate acestea, încercarea de a menține o minte care se raportează continuu la percepțiile sale dualiste este obositoare.

Pe lângă aceste critici, destul de slabe, cele mai controversate teme din filosofia Jonang sunt viziunile sale asupra naturii finale a realității și negația explicită a vacuității. Deși erudiții care susțin nimicul, cum ar fi cei care susțin o viziune asupra vacuității intrinseci sau *rangtong*, pretind că resping *zhentong* prin intermediul unor citate scripturale extinse sau prin raționament, acești critici au selectat mici porțiuni din scrierile despre *zhentong* și nu le-au elaborat pe deplin. Acesta este motivul pentru care se spune că cei care susțin viziunea vacuității intrinseci nu au reușit să recunoască natura ultimă a realității.

Motivul pentru aceasta este că acești erudiți consideră că ultimul set de învățături ale lui Buddha Shakyamuni, A Treia Întoarcere a Roții Dharmei, este abătut de la cursul corect și are doar o semnificație provizorie.[73] Deoarece Buddha a predat trei întoarceri succesive ale Roții Dharmei pentru a-și instrui discipolii din ce în ce mai temeinic, este imposibil ca ultima întoarcere a Roții Dharmei a lui Buddha să fie provizorie. În plus, Buddha viitorului, victoriosul Maitreya, a comentat că acest set final de învățături are o semnificație definitivă. În mod similar, Arya Asanga, care a fost profețit de însuși Buddha ca fiind cineva care va distinge semnificația definitivă de semnificația provizorie a sutrelor, a afirmat că semnificația definitivă ultimă a învățăturilor lui Buddha se găsește în ultimele sale discursuri.

Deși unii spun că Nagarjuna nu a predat *zhentong*, acest lucru nu este în întregime corect. Nagarjuna a compus o colecție de imnuri care laudă intenția iluminată din ultima întoarcere a Roții Dharmei a lui Buddha, iar acestea sunt exclamații perfecte de *zhentong*. De fapt, cei care susțin *rangtong* sau vacuitatea intrinsecă ca principiu fundamental al realității nu au surse scripturale specifice care să dovedească acest lucru. În consecință, au creat contradicții interne care nu i-au condus decât spre certuri. Din fericire, cei care susțin *zhentong* sau vacuitatea extrinsecă nu au aceste contradicții, deoarece ajung la intenția iluminată a lui Buddha pur și simplu bazându-se pe sursele scripturale ale lui Maitreya și Arya Asanga.

Mai mult, deși cei care susțin o viziune *rangtong* nu susțin că natura ultimă a realității este cu adevărat existentă, acest lucru este imposibil conform învățăturilor sublime despre vacuitate. Motivul este că, dacă natura ultimă a realității ar fi vidul, ea ar deveni superficială, ca și natura relativă a realității și, prin urmare, i-ar lipsi existența adevărată. Aceasta înseamnă că natura ultimă

---

73 Semnificația provizorie (*neyartha, drang don*) este opusă celei definitive (*nitartha, nges don*). Acestea sunt scheme interpretative folosite în cele Trei Întoarceri ale Roții Dharmei.

a realității nu ar putea rezista investigațiilor profunde. Realitatea ultimă și cea relativă s-ar prăbuși atunci una în cealaltă.

Cele Șase Yoga din Kalachakra

Cineva s-ar putea întreba ce fel de cale conduce spre manifestarea esenței iluminate care este indivizibilă de baza esențială și de fructificare, și care există în noi înșine și în toate ființele ca starea de Buddha care apare în cele trei dimensiuni trezite ale sale.[74] Conform tradiției Jonang, deși există numeroase căi către trezire, calea principală este cea a actualizării prin încrederea în Cele Șase Yoga auxiliare ale stadiului de desăvârșire din *Tantra Kalachakra*. Aceasta este calea cea mai importantă a oportunității, conform mijloacelor unice de meditație ale tradiției Jonang.

Pentru a exersa aceste yoga, este necesar să vă pregătiți mai întâi prin practicarea celor cinci preliminarii comune. Apoi, după finalizarea lor, practicați cele două preliminarii neobișnuite ale stadiului de desăvârșire, până când va veni momentul să integrați în propria experiență cele șase Yoga din stadiul de desăvârșire. Un scurt rezumat al celor cinci preliminarii comune este următorul:

1. Înțelegeți cum Cele Trei Giuvaiere sunt autentice; înțelegeți că Buddha a fost cu adevărat o ființă trezită; și înțelegeți cum, prin cunoașterea învățăturilor lui Buddha care sunt autentice, o ființă obișnuită poate deveni un Buddha. Înțelegând că aceste puncte sunt valabile, decideți

---

74 Cele trei dimensiuni sau cele trei corpuri iluminate ale stării de Buddha (*trikaya, sku gsum*) sunt: dimensiunea emanației (Skt: *nirmanakaya*, Tib: *sprul sku*), dimensiunea desfătării (Skt: *sambhogakaya*, Tib: *longs sku*) și dimensiunea realității ultime (Skt: *dharmakaya*, Tib: *chos sku*).

prin propria voastră convingere care sunt sursele perfecte de refugiu, apoi vă prosternați și căutați refugiu în ele cu corpul, vorbirea și mintea voastră.

2. Contemplați faptul că toate ființele simțitoare au fost cândva părinții voștri extrem de buni și gândiți-vă cum, bazându-vă pe mintea trezită bodhicitta, care aduce beneficii celorlalți, veți fi stabilizați în starea iluminată de Buddha. Știind ce trebuie atins, decideți să vă antrenați mintea în acest mod.

3. Pentru a da naștere stadiului profund de desăvârșire a *Tantrei Kalachakra* în continuumul fluxului vostru mental și pentru a vă purifica întunecările mentale și emoționale, negativitățile și obstacolele, vizualizați forma sublimă a lui Vajrasattva și recitați mantra sa de o sută de silabe.

4. Pentru a acumula condiții meritorii și favorabile, faceți gestul perfect de generozitate prin ofranda mandalei.

5. Pentru că toate binecuvântările provin de la maeștrii iluminați, practicați guru yoga amestecând în mod inseparabil mintea voastră cu cea a învățătorului vostru de rădăcină.

Acestea sunt practicile preliminare comune.

Odată ce au fost efectuate acumulările corespunzătoare ale acestor preliminarii comune, practicantul progresează către preliminariile neobișnuite, care sunt yoga exclusive ale stadiului de desăvârșire al *Tantrei Kalachakra*. Potrivit Vajrayana secretă, pentru a inversa implicarea în experiențele iluzorii și circumstanțe adverse, se practică stadiul de generare a zeității co-emergente

Kalachakra. După ce a fost cultivată meditația asupra stadiului de generare, se îndeplinesc posturile inițiale ale stadiului de desăvârșire al *Tantrei Kalachakra*. Cu sprijinul mai multor posturi corporale și prin mijloace specializate de a rămâne în liniște, se realizează cele zece semne ale strălucirii interioare.[75] Acestea sunt cele două practici preliminare neobișnuite.

Urmează practicile primare ale celor șase yoga auxiliare din stadiul de desăvârșire al *Tantrei Kalachakra*. Acestea sunt următoarele:

1. Prima yoga este yoga retragerii. Susținut de practica yoga pe tot parcursul zilei și al nopții, adeptul absoarbe, stabilizează și dizolvă cele zece vânturi vitale în canalul său central, în conformitate cu gradele potrivite de retragere.[76] Prin acest proces yoghin, apar cele șase semne de zi și cele patru de noapte, iar adeptul va realiza percepții de neconceput ale obiectelor ca forme-goale.

2. A doua yoga este concentrarea meditativă. Prin această yoga, percepțiile formelor goale se unifică indivizibil cu conștientizarea unui perceptor interior. Apoi adeptul se angajează experimental în cele cinci forme goale ca fiind

---

75　Cele zece semne ale strălucirii interioare (*,od gsal rtags bcu*) sunt: 1) fumul (*du ba*); 2) mirajul (*smig rgyu*); 3) norii (*sprin*); 4) licuricii (*me khyer*); 5) lumina soarelui (*nyi ma*); 6) lumina lunii (*zla ba*); 7) strălucirea pietrelor prețioase (*rin po che ,bar ba*); 8) eclipsa (*sgra gcan*); 9) lumina stelelor (*skar ma*); 10) razele de lumină (*,od zer*).

76　Cele zece vânturi vitale (*rlung bcu*) sunt: 1) respirația (*srog ,dzin*); 2) secreția (*thur sel*); 3) vorbirea (*rgyen rgyu*); 4) digestia (*mnyam rgyu*); 5) metabolismul (*khyab byed*); 6) șerpii subterani (*klu*) conectați cu ochii; 7) broasca țestoasă (*ru sbal*) conectată cu inima; 8) Brahma (*tshang pa*) conectat cu nările; 9) Devadatta (*lha sbyin*) conectat cu limba; 10) Regele Divin al Bogăției (*nor lha rgyal*) conectat cu tot corpul.

egale cu cele cinci referințe externe ale formei, sunet, miros, gust și senzații tactile. A treia yoga este valorificarea forței vitale. Bazându-se pe yoga vânturilor vitale, metoda viguroasă de valorificare a forței de susținere a vieții și prin yoga concentrării meditative care îmbină conștientizarea și formele goale, cele cinci vânturi primare și cu cele cinci vânturi secundare sunt unificate.[77] Atragerea acestor vânturi în canalul central al cuiva și cele șase centre subtile ale chakrelor întrerupe circulația în canalul drept și în cel stâng, iar adeptul dobândește stăpânirea canalelor și a vânturilor.[78] Odată ce această tehnică yoghină este stabilizată, adeptul nu mai depinde de alimente grosiere pentru hrănire, ci este hrănit de vânturi.

3. A patra yoga este reținerea. Datorită mobilizării forței vitale, adeptul este capabil să rețină fluidele esențiale ale corpului și, prin urmare, să unifice formele goale, vânturile și conștientizarea. Prin această yoga, formele goale, vânturile și conștientizarea se contopesc în sfere seminale indestructibile. Aceste sfere continuă să rezide în cele șase centre subtile ale chakrelor. Bazându-se pe această yoga a sferelor seminale secrete, adeptul

---

77 Cele cinci vânturi primare vitale (*rtsa ba'i rlung nga*) sunt: 1) susținătorul vieții (*srog ,dzin*); 2) mișcarea-ascendentă, (*me mnyam*); 3) pătrunzătorul (*khyab byed*); 4) echilibrarea focului (*gyen rgyu*); 5) curățarea-descendentă (*thur sel*).

78 Cele șase chakre sunt: 1) spațiul în partea de sus a capului (*gtsug gtor nam mkha'*); 2) extazul din frunte (*dpral ba bde ba*); 3) încântarea din gât (*mgrin pa longs spyod*); 4) realitatea din inimă (*snying kha chos*); 5) emanația din ombilic (*lte ba sprul pa*); 6) fericirea durabilă din locul secret (*gsang gnas bde skyong*). Sunt trei canale principale (*rtsa*) în corpul subtil: canalul central (*dbu ma*), canalul drept (*ro ma*) și canalul stâng (*rkyang ma*).

își contopește în mod egal esențele subtile și sferele seminale ale fericirii cu cele patru sigilii simbolice. Prin practica de a induce în mod repetat extazul și pacea, sunt menținute extazul imuabil și pacea.[79]

4. A cincea yoga este amintirea. Prin această yoga a amintirii, adeptul dobândește o stăpânire puternică asupra esențelor subtile reținute de cele patru sigilii simbolice. Mai precis, fiind susținut de pecețile simbolice ale formelor goale infinite și atrăgând continuu înțelepciunea pură a celor patru bucurii, adeptul este inseparabil în mod constant de extazul suprem imuabil.

5. A șasea yoga este absorbția meditativă. Stăpânind yoga amintirii și bazându-se pe înțelepciunea pură a extazului constant, inseparabil, suprem și imuabil, adeptul difuzează treptat cele douăsprezece sfere seminale impure. Prin stabilizarea absorbției meditative și progresând succesiv de-a lungul celor douăsprezece etape de absorbție, adeptul realizează o fuzionare minoră cu corpul zeității co-emergente Kalachakra.

Treptat, adeptul unifică în mod egal vacuitatea și beatitudinea, pentru a interconecta consorții masculini și feminini într-o îmbrățișare iluminată. Aceasta este zeitatea Kalachakra care rezidă în mod co-emergent în continuumul conștient al fiecăruia. Actualizarea corpului, vorbirii și minții divinității Kalachakra în interiorul sinelui ca un flux de extaz

---

79 Aceste patru sigilii simbolice (*phyag rgya bzhi*) sunt: 1) Măreţul sigiliu (*phyag rgya chen po*); 2) Sigliul actual (*chos kyi phyag rgya*); 3) Sigiliul angajamentului sacru (*dam tshig phyag rgya*); 4) Sigiliul activităţii (*las kyi phyag rgya*).

experimentat continuu îi permite adeptului să se manifeste în nenumărate moduri, pentru a aduce ființelor, fără efort și în mod spontan, fericirea. Aceasta este rodul suprem al stării de Buddha.

Metode de meditație ale apariției magice pentru
Primirea mărețului extaz al unei consoarte fizice ca formă goală,
Și realizarea constantă și perpetuă a bucuriei jocului,
Continuați să vă înmulțiți la nesfârșit în munții înzăpeziți!

CAPITOLUL VIII
TRADIȚIA GELUK

Istoria tradiției Geluk

Pălăria galbenă

Așa cum a profețit de Buddha în colecția sa de discursuri sutra intitulată *Regele sfaturilor,* regele Dharmei Jetsun Tsongkhapa a înființat Mănăstirea Ganden sau Sanctuarul Victorios al Bucuriei pe versantul unui munte din afara orașului Lhasa, în Tibetul Central.[80] Tradiția acestui loc a fost denumită inițial „Gandenpa" după numele mănăstirii, iar mai târziu a fost cunoscută sub numele de „Geluk".

Atunci când în secolul al X–lea Lumey Tsultrim Sherab, călugărul care a revigorat codurile etice budiste, a plecat de la marele maestru Gongpa Rabsal pentru o călătorie în Tibetul

---

80 Titlul tibetan: *gdams ngag ,bogs pa'i rgyal po.*

Central, i s-a dat o pălărie galbenă pe care să o poarte în amintirea învățătorului său. De atunci, călugării din tradiția Geluk au purtat pălării galbene ca simbol al dedicării lor față de Vinaya sau învățăturile etice ale lui Buddha. Pentru a-și arăta propria aderare la Vinaya, Tsongkhapa a purtat și el o pălărie galbenă în timp ce preda, iar în cele din urmă Geluk a devenit cunoscută drept tradiția „pălăriei galbene".

Mărețul Jetsun Tsongkhapa

Jetsun Tsongkhapa Lozang Drakpa (1357–1419) s-a născut în Tsongkha, în districtul Domey din Amdo, Tibetul de Est. La vârsta de opt ani, Tsongkhapa a primit jurămintele de hirotonire de la Choje Dondrup Rinchen și i s-a dat numele de „Lozang Drakpa". Când avea șaisprezece ani, și-a părăsit familia pentru a merge în Tibetul Central, unde a întâlnit mulți maeștri incredibili, printre care Lama Uma, Choje Remdawa, adeptul desăvârșit Karmavajra din Lodrak și maeștrii Jonang Chogle Namgyal și Nyawon Kunga Pal. Tsongkhapa a petrecut apoi un deceniu alături de acești mari învățători, studiind comentariile și instrucțiunile practice din diferitele tradiții budiste Hinayana, Mahayana și Vajrayana. În cele din urmă, a devenit de neegalat în cunoașterea subiectelor generale ale științelor budiste, iar reputația sa de erudit și adept s-a răspândit în toate direcțiile.

Tsongkhapa a primit hirotonirea deplină de la Khenpo Tsultrim Rinchen, care a păstrat linia de descendență a preceptelor marelui Pandita Shakya Shri și, prin respectarea cu strictețe chiar și a celor mai mici jurăminte, a ajuns să fie respectat ca cel mai important deținător al codului monahal Vinaya din Tibet. Cu sprijinul și respectul marilor cărturari și adepți ai vremii sale, Tsongkhapa a inițiat Marele Festival de Rugăciune în Lhasa, unde, în timpul inaugurării, a așezat coroane împodobite cu pietre prețioase pe statuile lui Jowo Shakyamuni, Manjuvara și Avalokiteshvara din templul central.

La vârsta de cincizeci și trei de ani, Tsongkhapa a fondat Mănăstirea Namgyal în ținuturile muntoase din Tibetul Central, unde a predat intensiv. Printre cele mai renumite compoziții ale sale se numără *Elucidarea esențială a semnificațiilor definitive și provizorii*, *Lampa iluminată a celor cinci etape*, *Marea expunere a stadiilor căii* și *Marea expunere a stadiilor tantrei* [81]. Tsongkhapa a avut, de asemenea, mulți studenți, printre care patru discipoli apropiați, cinci discipoli realizați, patru discipoli săraci, opt discipoli puri, doi discipoli principali, patru discipoli șefi, zece luminători ai învățăturilor, șase bodhisattva, doi cărturari distinși și erudiți și șase mari discipoli care au răspândit budismul pe scară largă în tot Tibetul.

După moartea lui Jetsun Tsongkhapa, locul său la Mănăstirea Ganden a fost ocupat de discipolul său Gyaltsab Dharma Rinchen (1364–1432), iar apoi de Khadrup Gelegs Pal Zangpo (1385–1438). Această succesiune a continuat până în zilele noastre, ajungând la cel de-al 101-lea deținător al tronului Ganden. Tsongkhapa a avut mulți discipoli în cele trei provincii ale Tibetului și, drept consecință, învățăturile și linia de descendență Ganden au înflorit.

---

81 Titlurile tibetane: *drang nges legs bshad snying po, rim lnga gsal sgron, lam rim chen mo, sngags rim chen mo.*

Mănăstirile Geluk

În anul 1419, discipolul lui Tsongkhapa, Jamyang Choje (1379–1449) a înființat marele complex monahal al Mănăstirii Tashi Drepung, și, în același an, Jamchen Choje a fondat Mănăstirea Sera Thegchen. Apoi, în anul 1447, discipolul lui Tsongkhapa și primul Dalai Lama, Gendun Drub (1319–1474) a fondat Mănăstirea Tashi Lunpo. Împreună cu Ganden, aceste trei mănăstiri constituie cele patru mari complexe monahale ale tradiției Geluk din Tibetul Central și au servit drept modele pentru alte mănăstiri Geluk.

În mod particular, în regiunea Amdo din Tibetul de Est există patru mănăstiri Geluk cunoscute sub numele de „Cele patru mănăstiri mărețe din nord", care urmează programele de studiu și meditație susținute de cele patru mănăstiri majore Geluk din Tibetul Central. Înainte de anul 1349, înainte ca Jetsun Tsongkhapa să se fi născut, Choje Dondrup Rinchen a fondat Mănăstirea Chakyung Tekchen Yontan Dargye în Domey, iar aceasta a devenit mai târziu o mănăstire care a susținut linia de descendență de predare și practică a tradiției Geluk; în 1604, Gyalse Donyod Gyatso a înființat Mănăstirea Gon Lung Jampa; în 1649, Chuzang Namgyal Paljor a înființat marea Mănăstire Chuzang Ganden Mingyur din Domey; în 1650, Khenpo Tsadpo Dondrup Gyatso a fondat Mănăstirea Serkhog Ganden Damcho. Împreună, acestea reprezintă „Cele patru mănăstiri mărețe din nord" ale tradiției Geluk.

În 1709, Jamyang Shepa (1648–1721) a fondat Mănăstirea Labrang Tashikhyil în nord-estul Tibetului, iar mănăstiri subsidiare mai mici au fost construite în tot Tibetul. Astăzi, Mănăstirea Ganden, Mănăstirea Drepung și Mănăstirea Sera au fost reînființate în India, cu peste zece mii de călugări, iar tradiția Geluk continuă să dezvolte centre de învățământ în întreaga lume. Modelul de bază pentru curriculumul educațional al tradiției Geluk, care continuă să fie folosit până în prezent, a fost conceput de către Tsongkhapa și cei doi discipoli apropiați ai săi, Gyaltsab Darma Rinchen și Khadrup Gelegs Pal Zangpo. Pe lângă aceste studii primare, maeștrii ulteriori ai liniei de descendență, precum Sera Jetsun Chokyi Gyaltsen (1469-1546), Panchen Sonam Drakpa (1478–1554), Zhang Gaway Lodro și Jamyang Shepa, au dezvoltat alte variante de curriculum.

Viziuni și practici ale tradiției Geluk

Cele trei aspecte ale Căii

Faza inițială pentru oricine caută libertatea spirituală și starea unui Buddha omniscient constă în a ajunge să fie efectiv dezamăgit de fiecare aspect al samsarei. Acest proces începe cu recunoașterea de către practicant a cât de extrem de rară și prețioasă este viața umană prezentă și a modului în care suntem acum înzestrați cu cele opt libertăți și zece norocuri.[82] Contemplând asupra

---

82 Cele opt libertăți (*dal ba brgyad*) sunt: 1) A fi liber de viața unui locuitor al iadului; 2) A fi liber de viața unei fantome flămânde; 3) A fi liber de viața unui animal; 4) A fi liber de viața unui zeu; 5) A fi liber de viața unui barbar; 6) A fi liber de credința în vederi extrem de pervertite; 7) A fi liber de a trăi într-o perioadă în care nu există învățăturile unui Buddha; 8) A fi liber de a trăi o viață ca un idiot mut, fără facultăți senzoriale sănătoase. Cele zece norocuri (*,byor ba bcu*) sunt: 1) Norocul de a trăi viața unei ființe umane; 2) Norocul de a trăi într-un loc în care există învățăturile unui Buddha; 3) Norocul de a trăi cu facultăți senzoriale intacte; 4) Norocul de a nu avea opinii inexplicabil de pervertite; 5) Norocul de a fi înzestrat cu credință; 6) Norocul că a apărut un Buddha; 7) Norocul

certitudinii morții, a incertitudinii momentului morții și cum, prin puterea acțiunilor și emoțiilor, tot ce e pozitiv sau negativ este creat în lumea samsarei, practicantul se simte obligat să acționeze cu sârguință în această viață. Cu o viziune amplă a realității și analizând din nou și din nou prin scripturi și raționament, se ajunge la înțelegerea fericirii autentice. Această dorință generată de a fi liber și de a inversa totul în cele trei tărâmuri ale samsarei este cunoscută sub numele de „renunțare" și este baza căii budiste de transformare.

Dacă un practicant este capabil să genereze în fluxul său de conștientizare renunțarea autentică, atunci fiecare virtute și fiecare impresie karmică creată va servi ca sursă de eliberare. Meditând la bunătatea iubitoare și la compasiune, un practicant înțelege apoi că, la un moment dat, fiecare ființă simțitoare a fost propria sa mamă bună. Dorința sinceră de a stabili toate ființele în starea supremă completă de Buddha și starea mentală nealterată care dă naștere unui astfel de curaj se numește „bodhicitta" sau „mintea trezirii". Odată ce cineva a dat naștere acestei minți autentice a trezirii, atunci orice ar face acea persoană o face să progreseze pe calea Mahayana și va fi propulsată spre omnisciență, deoarece aceasta este cea mai importantă practică de-a lungul căii budiste de transformare.

Cu toate acestea, dacă o înțelegere a naturii nesubstanțiale a realității nu apare în fluxul propriu de conștientizare și dacă nu se produce realizarea naturii nesubstanțiale atât a sinelui, cât și a fenomenelor, atunci nu vor fi remediate emoțiile perturbatoare. Din acest motiv, realizarea insubstanțialității este

---

că un Buddha a predat învățături; 8) Norocul că învățăturile lui Buddha continuă să existe; 9) Norocul că este posibil să înțelegem învățăturile lui Buddha și să trăim în conformitate cu ele; 10) Norocul că ai acces la învățători spirituali.

esențială pentru eliberarea minții. Prin urmare, este imperativ ca practicantul să stabilească prin raționament primatul relativității supreme. Această „viziune a vacuității" este fundamentală pentru progresul pe calea budistă a transformării.

Deoarece renunțarea, mintea trezirii și viziunea vacuității sunt cele trei puncte principale necesare pentru perfecționarea căii budiste de transformare spirituală, Jetsun Tsongkhapa le-a numit „Cele trei aspecte ale Căii".

Vacuitatea și etica

Viziunea neobișnuită a tradiției Geluk recunoaște natura ultimă a realității ca fiind inexistentă. Această recunoaștere necondiționată a realității ultime, cunoscută altfel sub numele de „negație neafirmativă", este foarte valoroasă. De exemplu, din moment ce ființele nelimitate din timpuri imemoriale s-au fixat intens pe credința falsă într-un sine independent și durabil, această afirmație a negării neafirmative înțelege natura goală a tuturor fenomenelor și acționează ca un antidot pentru această fixare intensă. Deoarece această viziune inversează obiceiul de a înțelege greșit lucrurile ca fiind cu adevărat existente, este extrem de eficientă în contracararea fixării asupra unui sine permanent. În plus, constatarea interdependenței tuturor fenomenelor contracarează tendința de a cădea în capcanele vederilor pervertite și asigură succesul practicanților pe calea meditației mai mult decât celor care nu au această înțelegere.

Caracteristicile particulare ale practicii Geluk pun accentul pe calea comună a renunțării și pe trezirea minții. Viziunea vacuității este apoi dezvoltată treptat prin ascultarea extensivă a învățăturilor, studierea tradiției scripturale și, în cele din urmă, prin meditarea asupra instrucțiunilor personale de îndrumare.

În general, Jetsun Tsongkhapa și-a concentrat atenția asupra explicării abordării neobișnuite a realizării vacuității ca negație neafirmativă. El a subliniat modul în care viziunile și practicile neobișnuite din Hinayana, Mahayana și Vajrayana sunt în concordanță cu raționamentul din Prasangika Madhyamaka.

După cum ne-a învățat Buddha, supraviețuirea budismului depinde de cât de sincer mențin călugării codul etic monahal al Vinaya. Chiar dacă doar câțiva yoghini tantrici contrazic această etică, atunci învățăturile lui Buddha sunt amenințate. Acesta este motivul pentru care este atât de importantă respectarea Vinaya. De aceea există metode precise pentru practicarea învățăturilor tantrice Vajrayana și de aceea există ritualuri special concepute pentru reînnoirea jurămintelor de către practicanții care au acționat în moduri lipsite de etică.

Din interiorul crângului fericit al zeităților, codul etic imaculat
Bucuria și bunătatea cântă cântecele explicațiilor elocvente!
Tradiția Geluk se revarsă din oceanul purpuriu
al învățăturilor lui Buddha către Nord!

EPILOG

Relaţia dintre instrucţiunile esenţiale ale lui Buddha

Cele cinci tradiţii ale budismului tibetan

Chiar dacă există numeroase dezacorduri cu privire la data la care a murit Buddha, în India, Birmania, Thailanda, Sri Lanka, Cambodgia şi în alte ţări care urmează în general sistemul Şcolii Sthavira sau Şcoala Bătrânilor, anul acesta (2005) se împlinesc 2549 de ani de la trecerea lui Buddha în nirvana. În anul 433 al calendarului budist, la 977 de ani după nirvana lui Buddha, în timpul secolului al VII-lea e.n., budismul a fost introdus în Tibet de către regele Dharma Songtsen Gampo. Până la sfârşitul secolului al VIII-lea şi începutul secolului al IX-lea, stareţul Shantarakshita, maestrul Padmasambhava şi regele Dharma Trisong Deutsen s-au întâlnit, iar budismul a început să înflorească în Tibet. În acea perioadă, o sută opt cărturari din India şi o sută opt traducători ai limbii tibetane s-au adunat la marele Templu Samye.

Această perioadă este cunoscută drept perioada de înflorire timpurie a învăţăturilor lui Buddha, în care erau prezenţi regele Trisong Deutsun şi cei douăzeci şi cinci de discipoli ai lui Padmasambhava, optzeci de adepţi realizaţi, o sută opt mari meditatori din Chuwori, treizeci de adepţi desăvârşiţi din Sheldrak, douăzeci şi cinci de maeştri realizaţi din Yangdzong Phuk şi mulţi alţi deţinători de conştientizare şi adepţi.

Începând cu anul 901 a început o persecuţie de 70 de ani a budismului în Tibet, în timpul căreia comunităţile budiste au fost alungate şi toate tantrele perioadei traducerii timpurii au fost depozitate în locuri sigure de către practicanţii tantrici, permiţând acestor texte să rămână nealterate. Apoi în anul 973, a avut loc o renaştere a budismului. Începând cu această renaştere şi apoi de înflorire ulterioară, traducerile învăţăturilor lui Buddha din acea perioadă au fost desemnate drept noile traduceri.

Sakya, Kagyu, Jonang şi Kadam au apărut cu toate în această perioadă de noi traduceri. Mai târziu, instrucţiunile tradiţiei Kadam au fost asimilate într-o tradiţie de învăţătură mai generală. Mai precis, tradiţia orală Kadam a fost extinsă şi reinterpretată de Tsongkhapa, devenind cunoscută sub numele de noua tradiţie Kadam sau Geluk. Pe lângă aceste tradiţii majore, au existat şi multe linii minore de instrucţiuni orale, cum ar fi Shalupa, Orgyenpa, Wodongpa şi aşa mai departe. Deşi unele dintre influenţele filozofice ale acestor tradiţii au supravieţuit, marile lor activităţi iluminate nu s-au răspândit niciodată. Astăzi, în Tibet, Sakya, Kagyu, Jonang şi Geluk sunt cele mai cunoscute patru tradiţii care au supravieţuit din această perioadă de traducere timpurie.

Mănăstirea Sakya a fost înfiinţată de Kontan Konchok Gyalpo în 1073, fiind cea mai veche dintre mănăstirile celor patru tradiţii. Nu mult după această perioadă, s-a născut strămoşul tradiţiei Kagyu, Lotsawa Marpa Lodro. În timpul vieţii sale, Marpa a călătorit în India pentru a aduce înapoi în Tibet instrucţiunile esenţiale de ghidare ale lui Buddha. Deşi această realizare a contribuit la dezvoltarea budismului în Tibet, ea nu a consolidat ferm tradiţia Kagyu. Abia când Marpa a încredinţat instrucţiunile esenţiale ale lui Buddha discipolului său Milarepa, care apoi le-a transmis lui Gampopa, s-a consolidat tradiția Kagyu. Gampopa a fondat centrul monahal din Muntele Gampo în anul 1121, marcând astfel începutul dezvoltării tradiției Kagyu așa cum o cunoaștem astăzi.

Tradiția Jonang a fost fondată la aproape un secol după tradiția Kagyu. Chiar dacă multe dintre sutrele și tantrele care elucidează natura de Buddha au fost traduse din sanscrită în tibetană în timpul starețului Shantarakshita, al maestrului Padmasambhava și al Regelui Dharma Trisong Deutsen, din aceste traduceri timpurii nu s-a dezvoltat o tradiție de explicare extinsă a *zhentong* Madhyamaka. Mai târziu, Zi Lotsawa Gaway Dorje a inițiat sistemul sutra *zhentong*, iar apoi Dro Lotsawa Sherab Drakpa a inițiat sistemul tantra *zhentong* în Tibet. Tradiția Jonang a prins apoi ferm rădăcini în anul 1292, când Kunpang Thugje Tsondru a înființat sediul monahal în Jomonang. De atunci, învățăturile Jonang s-au menținut. În secolul al XIV-lea, marele maestru Jonang Kunkhyen Dolpopa Sherab Gyaltsen a unificat învățăturile sutra și tantra, determinând ca viziunea și practicile Marii Madhyamaka *zhentong* să se răspândească în lung și în lat, precum răgetul extraordinar al unui leu.

În anul 1407, la mai bine de o sută de ani de la inițierea tradiției Jonang, marele Jetsun Tsongkhapa a înființat Mănăstirea Ganden în munții Tibetului Central, dând naștere tradiției Geluk.

Unitatea tradițiilor budiste tibetane

Deoarece studenții au dispoziții și înclinații diferite, există diverse învățături care se potrivesc multelor tipuri de indivizi. Având în vedere aceasta, este important să recunoaștem modul în care toate aceste învățături împărtășesc intenția esențială unică a lui Buddha și modul în care toți adepții învățați, atât din

India cât și din Tibet, au transmis această intenție supremă. În cuvintele lui Panchen Lozang Chogyan,

> Yoga co-emergentă, Mahamudra de cinci ramuri, Gustul unic, Cele Patru silabe, Pacificarea, Separarea, Dzogchen, instrucțiuni privind viziunea Madhyamaka și așa mai departe, deși aceste învățături poartă nume diferite și par să aibă intenții diferite, dacă yoghinii cu experiență și erudiții care înțeleg sensul definitiv al scripturilor și raționamentului le examinează cu atenție, vor descoperi că aceste învățături au o singură intenție.

Din cuvintele lui Panchen Lozang Yeshe, care a fost și autorul unui text de ghidare despre Mahamudra,

> Sisteme filozofice de la Utsang la Ngari,
> Toate aceste locuri împărtășesc exact aceleași
>   învățături ale Victoriosului,
> Din această cauză, abține-te de la a te comporta ca
>   un diavol al părtinirii.
> În schimb, dezvoltă-ți viziunea pură, strălucitoare
>   asemenea unui giuvaier.

Kontan Paljor Lundrup, îndrumătorul marelui al V-lea Dalai Lama, a compus un text de îndrumare care acoperă Mahamudra, Dzogchen și Madhyamaka; eruditul Geluk Khadrup Je a lăudat învățăturile Dzogchen în răspunsul său la întrebările lui Geshe Sangye Rinchen cu privire la intenția supremă; maestrul Nyingma Jamyang Mipham Rimpoche a stabilit, prin scripturi și raționament, că intențiile Sakya, Geluk, Kagyu, Nyingma și Jonang nu sunt contradictorii.

Acestea sunt doar câteva exemple care arată cum maeștrii din trecut au transmis această intenție supremă.

După cum arată aceste exemple, motivul pentru a studia și a practica este unul și același. De aceea, este important să rămânem imparțiali în ceea ce privește credința și înțelegerea noastră asupra adevărului și scopului fundamental împărtășit de toate învățăturile lui Buddha. Căci dacă depunem eforturi pentru a dovedi sau respinge o învățătură în detrimentul alteia, acest tip de atitudine dogmatică va fi în cele din urmă contraproductivă.

După cum am văzut, marii fondatori ai liniilor de descendență de predare a budismului tibetan aveau o minte-înțelepciune unică. Acest lucru este exemplificat din nou în următoarele cuvinte ale lui Panchen Lozang Chokyi Gyaltsen:

> Puternic siddha Padmasambhava, manifestarea ta Atisha și glorioasa ta reîncarnare Tsongkhapa, în nimeni altcineva decât în tine nu mă refugiez.

Al II-lea Dalai Lama, Gedun Gyatso, a scris, de asemenea,

> Padmasambhava, deținător al conștientizării și
>   suveran al tuturor siddhi-urilor,
> Atisha, Ornament al coroanei a cinci sute de
>   erudiți,
> Atotputernic Vajradhara, care este gloriosul
>   Tsongkhapa,
> În fața spectacolului de dans al nenumăratelor
>   tale manifestări, eu mă înclin!

În mod similar, Jetsun Tashi Gyatso a scris,

> Protectorul Padmasambhava, strălucirea nemărginită
> Amitabha, Atisha și splendoarea blândă Tsongkhapa
> sunt o unică înțelepciune-conștientizare ale cărei
> semne sunt ca jocul lunii în apă. Din convingerea
> profundă a inimii mele, mă înclin de sute de ori.

Gungtang Rinpoche a scris, de asemenea, în instrucțiunile sale
explicite despre practica lui Manjushri:

> Padmasambhava, inițiator al budismului în Țara
>   Zăpezilor,
> Atisha, compozitorul unirii tantrelor și a
>   semnificației lor,
> Tsonkhapa, compozitorul care a risipit întunericul
>   confuziei,
> Voi trei sunteți inseparabili, autentici, consacrați
>   prin scripturi.

Așa cum spun cu o singură voce toți marii învățători budiști
din vremurile noastre, „indiferent de tradiția pe care o practică,
practicanții budiști sunt cei care se străduiesc să dezvolte
devotamentul, viziunea pură, puritatea, rugăciunea și oferirea de
ofrande". Acest sentiment este reflectat în biografia condensată
a lui Padmasambhava, unde se scrie:

> Profeția lui Buddha este că în regiunea Amdo,
> manifestarea lui Atisha va apărea sub forma lui

Tsongkhapa. La sosirea acestei mărețe ființe în Tibet, vor răsări bucuria și fericirea. În acel moment, forțele pozitivității se vor bucura.

În timpul emanației mele, cunoscută sub numele de Sakya, se va naște pe această lume un copil dintr-un tată pe nume Manjushri și o mamă pe nume Tara, al cărui nume va fi Sakya Pandita Kunga Gyaltsen, protectorul suprem al ființelor. El va reconstrui temple și va oferi hrană spirituală ființelor. El va extinde învățăturile tantrice secrete ale lui Buddha. El va oferi bucurie și fericire tuturor celor din Tibet.

O emanație a lui Manjushri, Nyawon Kunga Pal, a spus:

Cunoscut ca Prințul Litsavi, însoțitorul lui Buddha, Lotusul Alb născut din familia nobilă din Kalapa și marele Nagarjua din Muntele Sri Parvata, marele bodhisattva Dharmodgata din Muntele de Zăpadă Ponaydan, Songtsen Gampo din orașul Lhasa, Padmasambhava din continentul Chamara, Sherab Gyaltsen, la picioarele tale, eu te implor.

Thekwang Chokyi Dorje, în lucrarea sa intitulată *Lustruirea Giuvaierului Ketaka*, a scris, deasemenea:

Marele Jowo, inegalabilul prețios Gampopa, Regele Dharma Tsongkhapa, sunt manifestări magice ale marelui maestru Padmasambhava. Așa cum s-a spus de nenumărate ori, nimeni nu a fost mai bun cu poporul și budismul din Tibet.

Pe baza acestor pasaje, putem începe să înțelegem cum toți acești maeștri fac parte din același continuum de înțelepciune. Fără a lua în considerare nivelul lor personal de renunțare și realizare, unii oameni nechibzuiți continuă să se agațe cu tărie de opiniile lor părtinitoare, conform cărora unul este mai bun, iar altul este mai rău. Mai mult, afirmând sau respingând una dintre aceste învățături sublime în detrimentul alteia, acest tip de comportament provoacă de fapt diviziuni între diferitele tradiții și insuflă frica în mințile practicanților.

Spiritul Rimé

Pentru a ne perfecționa practicile și a deveni o persoană spirituală autentică, putem adopta o abordare rimé sau nepărtinitoare față de tradițiile budiste. De exemplu, Jetsun Tsongkhapa a primit instrucțiuni în practica Dzogchen de la marele maestru Nyingma din Lodrak numit Layki Dorje, instrucțiuni Madhyamaka de la maestrul Sakya Remdawa Zhonu Lodro, instrucțiuni despre Cele Șase Yoga ale *Tantrei Kalachakra* de la Jonang Panchen Chogle Namgyal și instrucțiuni despre *Sutrele Prajnaparamita* sau *Scripturile Înțelepciunii Transcendente* de la maestrul Jonang Nyawon Kunga Pal. Dacă Tsongkhapa nu i-ar fi onorat pe acești învățători spirituali și spiritul filozofic rimé, el nu ar fi vrut să primească și să practice aceste diverse instrucțiuni esențiale.

La fel ca Tsongkhapa, există numeroși maeștri din tradițiile Sakya, Geluk, Kagyu, Nyingma și Jonang care recunosc și mențin fără contradicții înțelegerile filozofice din alte linii de transmisie. Un alt exemplu a fost cel de-al V-lea Dalai Lama, Ngawang Lozang Gyatso, care a fost un deținător de linie de bază al tradiției Geluk, dar a compus și un text esențial de ghidare despre învățăturile Nyingma Dzogchen, cunoscute sub numele *de Instrucțiunile orale ale deținătorilor de conștientizare.* Kunkhyen Longchen Rabjam, un deținător de bază al liniei de transmisie din tradiția Nyingma, a primit și a practicat multe învățături profunde despre semnificația definitivă *zhentong* de la al III-lea Karmapa, Rangjung Dorje. Ju Mipham Jamyang Gyatso din tradiția Nyingma a afirmat o viziune *zhentong* similară cu cea din tradiția Jonang în celebra sa lucrare intitulată *Răgetul leului.* Marele învățător Nyingma, Za Patrul Orgyen Jigme, a finalizat o retragere de trei ani în Cele Șase Yoga ale *Tantrei Kalachakra* din tradiția Jonang și a putut explica acest sistem. Konton Konchog Gyalpo, un lama din tradiția Sakya, a fost capabil să ofere sfaturi de învățătură impecabile din tradiția Nyingma. Jamgon Kongtrul Lodro Thaye, un măreț exemplu de spirit rimé, a compilat *Comoara Sfatului Spiritual,* integrând instrucțiunile esențiale din toate cele opt vehicule sau linii de practică ale budismului tibetan. Maestrul Jonang Kunpang Thugje Tsondru a practicat toate cele șaptesprezece linii de instrucțiuni de ghidare ale *Tantrei Kalachakra* din Tibet.

Liniile de descendență ale budismului tibetan sunt interconectate prin împuterniciri, transmisii și instrucțiuni de îndrumare, în așa măsură încât niciuna nu este separată de alta. Din acest motiv, este o greșeală a privi o tradiție cu părtinire, a considera o tradiție ca fiind mai bună decât alta. Deoarece aceste tradiții sunt căi egale către înțelepciune, fiecare dintre ele este benefică. După cum au explicat fondatorii și marii autori ai acestor tradiții, studierea și practicarea a ceea ce au de oferit aceste tradiții ne permite să evităm prejudecățile. Acest spirit rimé imparțial este menținut în special de către Sanctitatea Sa al XIV-lea Dalai Lama, care desfășoară o activitate incredibilă în a susține învățăturile, practicile și explicațiile liniilor de descendență ale tuturor celor cinci tradiții budiste tibetane.

Învățăturile Tibetului, Țara Zăpezilor,
și fiecare deținător sublim al învățăturilor,
Toate sunt unu, fără contradicție, stabilit prin transmisii autentice!
Oamenii obișnuiți fac presupuneri arogante
din cauza ideilor lor fixe ignorante.
De ce se discută atât de mult despre atașament și aversiune?

RUGĂCIUNI DE ÎNCHEIERE

Maeștri, victorioși Buddha și copiii spirituali ai liniei de descendență,
Vă rog să luați în considerare descrierile mele despre elegantele acțiuni
  iluminate ale celor trei timpuri.

Fie ca toată bogăția exaltată a virtuții să se nască în aceste trei timpuri!
Fie ca toate stricăciunile și nelegiuirile adunate din timpuri fără de început
  să fie purificate!

Din timpuri fără de început, ființele au rătăcit prin oceanul existenței,
În căutarea unei vieți pline de faimă, bogăție și luxuri lumești
Nefăcând altceva decât să acumuleze și mai multe datorii karmice.

De acum înainte, fie ca acumularea tuturor meritelor pozitive
Să fie asigurată prin activitățile corpului, vorbirii și minții mele!

Prin dobândirea abilității supreme prin aceste acțiuni pozitive,
Fie ca eu, prin mijloace și cunoaștere, să realizez calea excelentă,
Și să o predau pentru a aduce fericire și beneficii ființelor!

Fie ca în toate viețile mele să am un învățător spiritual sublim și excelent,
Și să nu mă depărtez de calea perfectă a trezirii!

Fie ca eu să fiu complet separat de acțiunile inutile și obositoare,
Și fie să apară în mod constant oportunitățile de a aduce un mare beneficiu!

În special, fie să le fiu recunoscător părinților mei pentru bunătatea lor
   de a-mi da trupul meu,
Și fie ca oricine simte chiar și cea mai mică slăbiciune sau timiditate,
Să realizeze virtutea extazului și bucuriei trupului și minții!

Atâta timp cât spațiul există,
Și atâta timp cât există ființe simțitoare,
Prin puterea și intensitatea înțelepciunii,
Fie ca toate ființele să fie înfrumusețate, înzestrate cu noroc,
Și să atingă fericirea supremă care aduce beneficii altora!

Învățăturile lui Buddha sunt pure încă de la bun început,
Iar susținătorii acestor învățături sunt conectați fără înșelăciune
   cu cei victorioși!
Prin intenția altruistă de a perfecționa cele două acumulări,
Fie ca toate ființele să-și poată îndeplini în mod spontan și fără
   piedici toate dorințele!

BIBLIOGRAFIE

LUCRĂRI CITATE

Blos gros grags pa, Mkhan po Ngag dbang. *Jo nang chos 'byung zla ba'i sgron me*. Qinghai: Nationalities Press, 1992.

Byang sems rgyal ba ye shes. *Dpal ldan dus kyi 'khor lo jo nang pa'i lugs kyi bla ma brgyud pa'i rnam thar*. Beijing: Mi rigs dpe skrun khang, 2004.

Lodro, K.R.J. *Bod kyi chos brgyud khag gi chos 'byung dang lta grub mdor bsdus 'khrul sel dad pa'i sgo 'byed ces bya ba bzhugs so*. New Delhi: Indraprastha Press, 2003.

LECTURI SUPLIMENTARE

Dudjom Rinpoche. *The Nyingma School of Tibetan Buddhism*. M. Kapstein and G. Dorje (trans.). vol. I–II. Boston: Wisdom Publications, 1991.

Gyatso, T. (Dalai Lama). *The World of Tibetan Buddhism: An Overview of Its Philosophy and Practice.* Boston: Wisdom Publications, 1995.

Dalai Lama. *Ethics for the New Millennium.* New York: Riverhead Books, 1999.

Gyatso, K.N. *Ornament of Stainless Light: An Exposition of the Kalacakra Tantra.* G.

Kilty (trans.). The Library of Tibetan Classics, 14. Boston: Wisdom, 2004.

Ray, R.A. *Indestructible Truth: The Living Spirituality of Tibetan Buddhism.* Boston: Shambhala Publications, 2000.

Reginald A. Ray. *Secret of the Vajra World: The Tantric Buddhism of Tibet.* Boston: Shambhala Publications, 2001.

Smith, E. G. „Jam mgon Kong sprul and the Nonsectarian Movement", In *Among Tibetan Texts: History and Literature of the Himalayan Plateau.* Boston: Wisdom Publications, 2001.

Stearns, C. *The Buddha from Dolpo: A Study of the Life and Thought of the Tibetan Master Dolpopa Sherab Gyaltsan.* New York: State University of New York Press, 1999.

Thondup, T. *Buddhist Civilization in Tibet.* New York: Routledge and Kagan Paul Inc., 1987.

Williams, P. *Mahayana Buddhism: Its Doctrinal Foundations.* London: Routledge, 1989.

GLOSAR

A

ABHIDHARMA (*chos mngon pa*): Învățăturile lui Buddha despre științele interioare și exterioare, inclusiv filozofia, metafizica, psihologia, fenomenologia și cosmologia. Scripturile Abhidharma prezintă elementele experienței și procesele analitice pentru descoperirea experimentală a naturii fenomenelor existente.

ABHIDHARMA-PITAKA (*mngon chos kyi sde snod*): Colecția de scripturi Abhidharma. A se vedea „Abhidharma" și „Tripitaka".

ARHAT (*dgra bcom pa*): Un adept spiritual care a cucerit dușmanul interior al emoțiilor perturbatoare și a atins nivelul Hinayana de iluminare.

AVALOKITESHVARA (*spyan ras gzigs*): Bodhisattva al compasiunii, cel care privește ființele vii din toate direcțiile pentru a le alina suferințele.

B

BODHICITTA (*byang chub kyi sems*): „Mintea trezirii", dorința și practica altruistă de a aduce beneficii celorlalți, pentru a conduce toate ființele către starea supremă de Buddha iluminat. Practica efectivă de a genera bodhicitta este împărțită în bodhicitta de aspirație sau mintea aspirantă a trezirii *(smon pa'i sems bskyed)* și bodhicitta de aplicație sau mintea aplicată a trezirii *(,jug pa'i sems bskyed)*.

BODHISATTVA *(byang chub sems dpa')*: Un practicant Mahayana care a dezvoltat mintea trezirii *(bodhicitta)*. Există, de regulă, trei tipuri de bodhisattva: 1) cei care sunt ca regii, urcând pe tronul stării de Buddha pentru a asigura iluminarea altora; 2) cei care sunt ca barcagii, traversând apele samsarei împreună cu toți cei pe care îi ajută; 3) cei care sunt precum păstori, asigurându-se că turma lor este în siguranță înainte de a se îngriji de ei înșiși.

C
CELE PATRU NOBILE ADEVĂRURI *('phags pa'i bden pa bzhi)*: Aceste patru adevăruri sunt: 1) suferința *(sdug bsngal)*; 2) originea suferinței *(kun ,byung)*; încetarea suferinței *(,gog pa)*; 4) Calea spre încetarea suferinței *(lam)*.

CELE TREI GIUVAIERE SAU CELE TREI NESTEMATE *(dkon mchog gsum)*: Acestea sunt sursele de refugiu pentru un budist: 1) Buddha; 2) Dharma sau învățăturile lui Buddha; 3) Sangha sau comunitatea budistă.

CITTAMATRA *(sems tsam pa)*: O școală Mahayana de filozofie budistă care s-a dezvoltat în India și a fost transmisă în Tibet. Școala de gândire Cittamatra a fost fondată de Asanga în secolul al VI-lea e.n. și este o subdiviziune a Yogachara. Premisa sa filozofică principală este că toate aparițiile sunt doar mintea și sunt inseparabile de percepțiile mentale înrădăcinate în baza universală a conștientizării sau alayavijnana.

D

DHARMA (*chos*): Cuvânt sanscrit pentru învățăturile lui Buddha.

DHARMAKAYA (*chos sku*): „Dimensiunea ultimă a realității". Dimensiunea ultimă sau absolută a tot ceea ce este cunoscut și necunoscut. Ceea ce este realizat și întruchipat de un Buddha.

DZOGCHEN (*rdzogs pa chen po*): „Marea Perfecțiune", punctul culminant al celor nouă vehicule succesive de realizare spirituală din sistemul Nyingma. O practică tantrică subtilă de recunoaștere a naturii nealterate luminoase a minții și realității.

H

HINAYANA (*theg pa dman*): „Vehicul mic". Învățăturile și abordarea budistă care se concentrează pe Cele Patru Nobile Adevăruri, originea interdependentă și practicile de abținere de la acțiuni dăunătoare. Vehiculul transformării spirituale preocupat de eliberarea individuală din samsara.

K

KALACHAKRA / TANTRA KALACHAKRA (dus 'khor / dus 'khor rgyud) „Roata timpului"/ „Roata timpului continuu". O tantra extinsă din perioada traducerii târzii și sistemele sale asociate de cosmologie tantrică, medicină, psihologie și științe meditative.

M

MADHYAMAKA (*dbu ma pa*): "Filozofia Căii de Mijloc" O școală Mahayana de filozofie budistă care s-a dezvoltat în India și a fost transmisă în Tibet. Școala de gândire Madhyamaka a fost fondată în Nagarjuna în secolul I e.n. şi este împărţită în sub-şcolile Prasangika şi Svatantrika. Viziunea sa filozofică principală este aceea a vacuităţii dincolo de extremele absolutismului sau nihilismului şi nu presupune nimic ca existent intrinsec. A se vedea şi „Prasangika" şi „Svatantrika".

MANDALA (*dkyil 'khor*): O reprezentare simbolică a unei zeităţi centrale cu mediul său înconjurător, folosită ca dispozitiv de meditaţie tantrică pentru vizualizare şi recreere mentală. Mandalade de ofrandă sunt folosite ca reprezentări ale întregului univers, pentru a oferi şi aranja ofrande în cadrul ritualurilor tantrice.

MAHAYANA (*theg pa chen po*):„Marele vehicul". Învăţăturile budiste şi abordarea se concentrează pe practicile unui Bodhisattva, prin cultivarea compasiunii şi a înţelepciunii care realizează vacuitatea. Şcolile de filozofie Mahayana sunt Cittamatra şi Madhyamaka. Vehiculul transformării spirituale preocupat de eliberarea tuturor fiinţelor din samsara.

MAHAMUDRA (*phyag rgya chen po*): „Sigiliul simbolic" sau „Marele Sigiliu". Un sistem de instrucţiuni şi tehnici de meditaţie bazat pe viziunea tantrică a transformării conform tradiţiilor Sarma. Practici contemplative precise de recunoaştere a naturii inseparabile a minţii şi a fenomenelor.

MAITREYA (*byams pa*):Viitorul Budda. El este al cincilea Buddha al acestui eon şi este în prezent regentul lui Buddha Shakyamuni în Tărâmul Pur Tushita. Autorul Celor Cinci Comori ale lui Maitreya, transcrise de Asanga.

MANJUSHRI (*'jam dpal*): Bodhisattva înţelepciunii. El este

întruchiparea blândeții supreme și a pătrunderii perspicacității naturii goale a realității.

MAREA MADHYAMAKA (*dbu ma chen po*): „Măreața Cale de Mijloc". Tradiția Mahayana, filozofie care s-a dezvoltat în India și a fost transmisă în Tibet. Un termen folosit într-o mare varietate de contexte, dar este în general sinonim cu viziunea *zhentong*. A se vedea și „Madhyamaka".

Marea Perfecțiune: a se vedea „Dzogchen".

N

NATURA DE BUDDHA (*bde gshegs snying po*): „Esența iluminată". Conceptul Mahayana al unei esențe sau al unei naturii pure, permanentă și luminoasă, care pătrunde toate ființele și constituie baza realizării stării de Buddha.

NAGARJUNA (*klu sgrub*): Adept budist indian, care a trăit în secolul I e.n. și este fondatorul școlii Madhyamaka de filozofie budistă.

NIRVANA (*mya ngan las 'das pa*): Stingerea finală a surselor samsarei. Starea de eliberare din chinurile ciclului nesfârșit al nașterii și morții. De asemenea, sinonim cu a fi un Buddha sau cu starea de Buddha, starea de iluminare supremă, dincolo de iluzii.

O

ORGYAN (*o rgyan*): vezi „Uddiyana".

P

PANDITA: Termen indian pentru un erudit desăvârșit.

POTALA (*po ta la*): Reşedinţa din Tărâmul Pur al lui Avalokiteshvara.

PRASANGIKA (*thal 'gyur pa*): O sub-şcoală a filozofiei Madhyamaka dezvoltată în India de Buddhapalita şi Chandrakirti, răspândită apoi în Tibet. Sistemul filozofiei budiste Madhyamaka care respinge propunerea oponenţilor prin identificarea şi contrazicerea consecinţei gândirii adversarului ca fiind extremă.

R

RANGTONG (*rang stong*): „Vacuitatea intrinsecă". Sistemul filozofic Madhyamaka şi viziunea care înţeleg toate fenomenele ca fiind goale de propria lor natură intrinsecă. Opusul lui zhentong. A se vedea „zhentong".

RIMÉ (*ris med*): Mişcarea intelectuală sincretică a tradiţiilor budiste tibetane din a doua jumătate a secolului al XIX-lea, care a fost iniţiată în Tibetul de Est. Se referă la abordarea non-sectară a practicilor spirituale şi a înţelegerilor filozofice ale tradiţiilor budiste tibetane.

S

SARMA (*gsar ma*): A se vedea „Tradiţiile traducerii timpurii".

SAMSARA (*'khor ba*): Starea obişnuită a fiinţelor neiluminate, care se transformă la nesfârşit în frustrare şi suferinţă. Ciclul existenţei înrădăcinate în necunoaşterea naturii realităţii.

SHRAVAKA (*nyan thos pa*): „Cel care ascultă". Un practicant budist dedicat Hinayana sau învățăturilor lui Buddha din Prima Întoarcere a Roții Dharmei. Înțelegând Cele Patru Nobile Adevăruri și lipsa unui sine independent, un shravaka își dă seama că suferința este omniprezentă în samsara. Cele patru etape spirituale ale unui shravaka sunt: 1) „Intrând în flux;" 2) „O singură întoarcere;" 3) „Fără întoarcere"; 4) „Arhat".

SIDDHA (*grub thob*): Un adept spiritual desăvârșit care a stăpânit capacitatea de a exercita puterile siddhis, atât pe cele supreme cât și pe cele obișnuite.

STADIUL DE DESĂVÂRȘIRE (*rdzogs rim*): Faza subtilă a practicii tantrice în care un adept perfecționează sau finalizează stadiul de generare, vizualizarea creativă și actualizarea divinității sale de meditație. A se vedea și „Stadiul de generare".

STADIUL DE GENERARE (*bskyed rim*): Faza elaborată a vizualizării creative, în care un adept generează sau dezvoltă o zeitate de meditație prin sunet, imagini și gesturi corporale. A se vedea „Stadiul de desăvârșire".

STAREA DE BUDDHA (*sangs rgyas pa*): Un Buddha complet trezit. Starea în care toate întunecările sunt purificate și toate calitățile iluminate sunt manifestate.

SAUTRANTIKA (*mdo sde pa*): Una dintre cele patru mari școli filozofice budiste indiene. O școală Hinayana de filozofie budistă care își trage semnificația din sutre, spre deosebire de Abhidharma.

SUTRA (*mdo*): Un discurs al lui Buddha. O scriptură care consemnează învățăturile Hinayana sau Mahayana ale lui Buddha, spre deosebire de tantra.

SUTRA-PITAKA (*mdo sde'i sde snod*): Culegere de scripturi cu Sutre. A se vedea „Sutra" și „Tripitaka".

SVATANTRIKA (*rang rgyud pa*): O sub-școală a filozofiei Madhyamaka dezvoltată în India și apoi răspândită în Tibet. Sistemul filozofiei budiste Madhyamaka care își stabilește concluziile pe baza inferențelor autonome.

T
TANTRA (*rgyud*): O scriptură care consemnează învățăturile Vajrayana ale lui Buddha, diferită de o sutra.

TATHAGATA (*de bzhin gshegs pa*): Un epitet pentru Buddha care înseamnă cel care a depășit conștientizarea obișnuită și, prin urmare, a transcens samsara.

TRADIȚIILE TRADUCERII TIMPURII (*snga 'gyur*): Corpul de literatură, gândirea și practicile asociate acestuia, care au fost traduse în timpul domniilor regilor tibetani Trisong Deutsen și Ralpachen în secolul al IX-lea. Sinonim cu „Nyingma" (*rnying ma*) sau „Tradiția veche".

TRADIȚIILE TRADUCERII TÂRZII (*phyi 'gyur*): Corpul de literatură, gândirea și practicile asociate acestuia, care s-au tradus după secolul al XI-lea. Aceste tradiții includ Sakya,

Kagyu, Jonang și Geluk. Sinonim cu „Sarma" *(gsar ma)* sau „Noile Tradiții".

TRIPITIKA *(sde snod gsum)*: „Trei colecții de scripturi budiste" sau „Trei coșuri". Aceste trei colecții de învățături ale lui Shakyamuni Buddha sunt Vinaya-pitaka sau colecția de coduri etice, Sutra-pitaka sau colecția de discursuri și Abhidharma-pitaka sau colecția de științe interne și externe. Împreună, aceste trei colecții alcătuiesc Canonul budist.

U

UDDIYANA: Țara situată în nord-vestul Indiei antice, unde s-a născut Padmasambhava.

V

VAIBHASHIKA *(bye brag smra ba)*: Una dintre cele patru mari școli filozofice budiste indiene. O școală Hinayana de filozofie budistă care își trage semnificația din Mahavidhasa Abhidharma.

VAJRAYANA *(rdo rje theg pa)*: Vehicul budist al învățăturilor care se concentrează pe obținerea fructului realizării spirituale, considerat drept Cale de transformare, spre deosebire de vehiculele Hinayana sau Mahayana.

VINAYA *('dul ba)*: Setul de învățături ale lui Buddha care definesc codul etic monahal budist.

VINAYA-PITAKA *('dul ba'i sde)*: Colecția de scripturi Vinaya. A se vedea „Vinaya" și „Tripitaka".

VISHUDDHA (*yang dag*): „Zeitatea Vajra furioasă" sau „Vajra Heruka". „Vishuddha" înseamnă literalmente „perfect", se referă la zeitatea furioasă (Skt: *heruka*) din familia vajra a învățăturilor tantrice și este una dintre cele opt practici primare ale tradiției Nyingma.

Y

YIDAM (*yi dam*): „Zeitatea de meditație". Zeitatea personală a unui practicant tantric. Una dintre cele trei rădăcini sau trei practici fundamentale ale Vajrayana. Practica realizării stadiilor de generare și desăvârșire ale vizualizării și actualizării unei zeități.

DESPRE AUTOR

Khentrul Rinpoché Jamphel Lodrö este fondatorul și directorul spiritual al organizației Dzokden. Rinpoche este autorul multor cărți, inclusiv *Dezvăluirea adevărului vostru sacru*, *Măreața cale de mijloc: Clarificarea viziunii Jonang asupra vacuității intrinseci*, *O viață mai fericită* și *Comoara ascunsă a căii profunde*.

Rinpoche și-a petrecut primii douăzeci de ani ai vieții păstorind iacii și cântând mantre pe platourile Tibetului. Inspirat de bodhisattva, el și-a părăsit familia pentru a studia într-o mulțime de mănăstiri, sub îndrumarea a peste douăzeci și cinci de maeștri din toate tradițiile budiste tibetane. Datorită abordării sale non-sectare, el și-a câștigat titlul de Maestru Rimé (imparțial) și a fost identificat ca fiind reîncarnarea faimosului Maestru Kalachakra Ngawang Chözin Gyatso. Deși în centrul învățăturilor sale se află recunoașterea faptului că există o mare valoare în diversitatea tuturor tradițiilor spirituale existente în această lume, el se concentrează pe tradiția Jonang-Shambhala. Învățăturile Kalachakra (Roata Timpului) transmise de la Regii Kalki din Shambhala, conțin metode profunde de armonizare a mediului nostru exterior cu lumea interioară a corpului și a minții. Această tantra este conectată direct cu karma Pământului nostru, pentru a aduce aici Era de aur a păcii și armoniei (Dzokden). Khentrul Rinpoche și-a ales ca misiune de viață răspândirea acestor învățături prețioase la nivel global, în cât mai multe limbi posibil, astfel încât să putem transforma cu adevărat lumea noastră, fiecare în parte, din interior spre exterior.

VIZIUNEA LUI RINPOCHE

Dzokden a fost fondată cu scopul expres de a-l sprijini pe Khentrul Rinpoche în realizarea viziunii sale de a aduce în această lume Era de Aur a păcii și armoniei. Pe măsură ce comunitatea noastră continuă să crească și să se dezvolte, tot mai mulți oameni se implică în acest efort extraordinar.

Pentru a vă oferi o idee despre amploarea viziunii lui Rinpoche, putem să menționăm opt obiective care reflectă prioritățile sale pe termen scurt și lung:

OBIECTIVE IMEDIATE

La nivel ultim, fericirea autentică, de durată, este posibilă numai printr-o transformare personală profundă. În prezent, mai mult ca niciodată, avem nevoie de metode prin care să ne dezvoltăm înțelepciunea și să ne realizăm potențialul maxim. Din acest motiv, Rinpoche acordă o prioritate atât de mare păstrării liniei de descendență Jonang Kalachakra. Există patru modalități prin care Rinpoche își propune să facă acest lucru:

1. **Crearea oportunității de conectare cu o linie de descendență autentică și completă Kalachakra, în strânsă colaborare cu meditatori dedicați din îndepărtatul Tibet.** Scopul nostru este să oferim întregul sprijin practicării Kalachakra în conformitate cu maeștrii autentici ai liniei de descendență, care, de mii de ani, au susținut această tradiție. Facem acest lucru comandând statui și picturi, scriind cărți și oferind învățături în întreaga lume. Punem un accent deosebit pe asigurarea autenticității materialelor noastre, bazându-ne pe experiența profundă a meditatorilor deosebit de realizați, care și-au dedicat viața acestor practici.

2. **Înființarea de centre internaționale de retragere pentru studiul și practica Kalachakra.** Pentru a integra învățăturile în mintea noastră, este crucial să avem oportunitatea de a ne angaja în perioade de practică intensivă. Prin urmare, ne străduim să creăm infrastructura necesară, care să sprijine și să încurajeze membrii comunității noastre în angajarea atât în retrageri pe termen scurt, cât și pe termen lung. Aceasta include achiziționarea de terenuri și construirea a tot ceea ce este necesar pentru a desfășura retrageri de grup și solitare. Scopul nostru pe termen lung este să dezvoltăm o rețea de astfel de centre în întreaga lume, formând o comunitate globală care să sprijine o varietate largă de practicieni.

3. **Traducerea și publicarea unor texte unice și rare ale maeștrilor Kalachakra.** De-a lungul istoriei lungi a Tibetului, sistemul Kalachakra a fost subiectul a nenumărate texte. Până în prezent, doar o mică parte din

aceste texte au fost traduse şi sunt accesibile în Occident. Deşi textele teoretice sunt importante, ne propunem să ne concentrăm în special pe instrucţiunile fundamentale care vor ghida practicanţii dedicaţi către o experimentare mai puternică a acestor învăţături profunde.

4. **Dezvoltarea instrumentelor şi programelor pentru o experienţă de învăţare structurată.** Cu grupuri de discipoli distribuite în întreaga lume, credem că este important să profităm la maximum de tehnologiile moderne, pentru a facilita procesul de învăţare a studenţilor noştri. Scopul nostru este de a dezvolta o platformă educaţională online robustă, care să permită comunităţii noastre internaţionale să acceseze programe de studiu de calitate, intuitive, structurate şi captivante.

OBIECTIVE PE TERMEN LUNG

În timp ce noi lucrăm, fiecare, pentru a atinge pacea şi armonia supremă în propriile noastre minţi, nu trebuie să pierdem din vedere faptul că existăm în contextul unei lumi pline de o mare diversitate de oameni. Aceste persoane dau naştere unei mari varietăţi de credinţe şi practici care, la rândul lor, ne modelează modul în care relaţionăm şi interacţionăm unii cu alţii. În această realitate interdependentă, este vital să găsim strategii viabile pentru promovarea unei mai mari toleranţe şi a respectului. În acest scop, Rinpoche propune patru domenii specifice de activitate:

1. **Promovarea dezvoltării filozofiei Rimé prin dialogul cu alte tradiţii.** Cu dorinţa de a fi membri

constructivi ai unei societăți pluraliste, noi trebuie să învățăm modalități de a reconciliere a diferențelor noastre. În acest scop, ne propunem să ajutăm oamenii să dezvolte calitățile pozitive care promovează o atitudine de respect reciproc, deschiderea către idei noi și o dorință plină de curiozitate de a ne depăși ignoranța.

2. **Oferirea de sprijin financiar practicanților dedicați, contribuind astfel la dezvoltarea unor modele de urmat foarte realizate.** Pentru a asigura autenticitatea tradițiilor noastre spirituale, este obligatoriu să existe oameni care să obțină cele mai înalte realizări. Prin urmare, ne propunem să înființăm un program de burse care să îi sprijine financiar pe practicanții autentici, care doresc să-și dedice viața dezvoltării spirituale, indiferent de sistemul lor de practică. Cei care sunt ajutați astfel să integreze învățăturile, devin modele pozitive pentru cei din jurul lor, inspirând și îndrumând generațiile viitoare.

3. **Dezvoltarea măreţului potenţial al practicantelor, prin dezvoltarea unor programe de formare specializate.** Cultura tibetană are o istorie lungă de cultivare a maeștrilor foarte realizați, prin pregătirea intensivă a celor cărora li se recunoaște un mare potențial. Din păcate, de prea multe ori, căutarea potențialului s-a concentrat doar pe candidați de sex masculin. Rinpoche crede că este din ce în ce mai important să avem modele feminine puternice, extrem de realizate, care pot ajuta la un echilibru mai mare în lumea noastră. Din acest motiv, lucrăm la dezvoltarea unui program unic de formare, pentru a oferi femeilor oportunitatea de a-și dezvolta potențialul spiritual. Scopul nostru este să proiectăm

un curriculum specializat, precum şi de a asigura infrastructura financiară necesară pentru a sprijini pe deplin toate aspectele educaţiei lor.

4. **Promovarea unei mai mari flexibilităţi a minţii şi a unei înţelegeri mai bune a realităţii prin programe educaţionale moderne.** Într-o lume în evoluţie rapidă, trebuie să regândim tipurile de competenţe pe care le predăm copiilor noştri. Structurile rigide din trecut sunt adesea prost echipate pentru a pregăti elevii pentru provocările cu care se vor confrunta în timpul vieţii lor. Prin urmare, ne propunem să dezvoltăm o varietate de programe educaţionale care pot ajuta copiii să devină mai flexibili şi mai adaptabili la circumstanţele vieţii. O parte importantă a acestor programe o reprezintă dezvoltarea unei mai mari conştientizări a rolului pe care mintea noastră îl joacă în experienţele noastre cotidiene. De asemenea, ne propunem să propunem reforme în sistemul de învăţământ monahal, care să-l ajute să devină mai relevant pentru această lume modernă.

CUM VĂ PUTEŢI OFERI SPRIJINUL?

Nimic din cele de mai sus nu va fi realizabil fără sprijinul şi participarea voastră. O viziune de asemenea amploare necesită o mare cantitate de merite şi generozitate din partea multor binefăcători, de-a lungul multor ani. Dacă doriţi să vă oferiţi sprijinul, vă rugăm să nu ezitaţi să ne contactaţi.

Dzokden
3436 Divisadero Street
San Francisco, California 94123
United States of America
www.dzokden.org